F. Javier Blanco Herranz

ANTES DE PULSAR EL BOTÓN DE REINICIO

Retos de la reconstrucción
del turismo global tras la covid-19

F. Javier Blanco Herranz

ANTES DE PULSAR EL BOTÓN DE REINICIO

Retos de la reconstrucción
del turismo global tras la covid-19

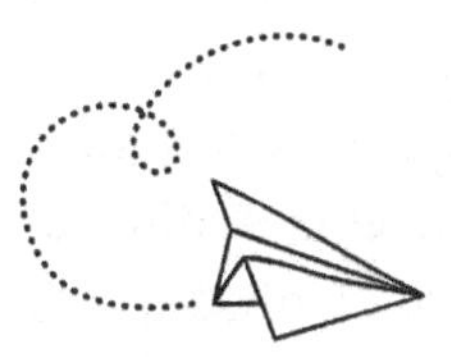

A Josune, Oihana y Nora.
Por su apoyo y cuidado permanente.

Índice

Parte III

El crecimiento

Epílogo

La reconstrucción del turismo global

Notas

Índice alfabético

Sobre el autor

Introducción

El mundo en jaque

A finales de marzo de 2020, el mundo se paraliza. La llegada de un nuevo virus desconocido pone en alerta a la comunidad científica internacional, hay que actuar rápido y se improvisan los primeros protocolos de protección de la salud pública. De pronto, se restringen los vuelos internacionales, afectando a más del 90 % de la población mundial y, más adelante, algunos países también limitan la circulación interna confinando a los ciudadanos en sus hogares. En las regiones de Asia-Pacífico y Europa la pandemia se muestra especialmente virulenta, y comienza a extenderse por las Américas.

El panorama es desolador: contagios, muertes, incertidumbre y el cierre forzoso de muchos negocios, especialmente los de restauración. La covid-19 provoca una conmoción sin precedentes en la historia de la industria del turismo: se suspende el 80 % de los servicios de las aerolíneas[1]; el sector turístico y otros subsectores interdependientes empiezan a experimentar pérdidas millonarias y, en este sombrío panorama, solo cabe augurar la desaparición gradual de numerosas pequeñas y medianas empresas en un lento naufragio económico. Corolario de esta hecatombe es la pérdida inminente de cientos de miles de empleos que dejan malherido a nuestro país, sin contar la destrucción que se prevé para los meses venideros.

Inmersos en este contexto tan grave, los ciudadanos apenas tienen oportunidades para volver a ser turistas, una práctica social tan arraigada en sus estilos de vida. La consecuencia es que aproximadamente tres mil millones de viajes no se han realizado en todo el planeta durante estos meses tan aciagos.

Ninguno de los graves acontecimientos mundiales sucedidos en las últimas décadas ha dejado tras de sí una estela tan impactante como la que estamos experimentando actualmente. La gravedad de los daños que ha causado la covid-19 en el turismo no es equiparable al impacto que tuvieron en el sector los atentados terroristas del 11 de septiembre de 2001 en Nueva York; el SARS (síndrome respiratorio agudo grave), de 2002-2003, o la crisis económico-financiera global de 2008.

En estos momentos no sabemos cuándo y cómo va a comenzar la recuperación y cuánto tiempo durará. De la crisis económica de 2008, el sector turístico mundial tardó diez meses en recuperarse; de la del SARS, cinco meses; y de la de los atentados del 11 de septiembre de 2001, ocho meses.

En estos días, la covid-19 tiñe todo de lógica preocupación, pero tenemos que recordar que la pandemia se produce en medio de un proceso de debilitamiento general de la industria y comercio mundiales, que proyectaba algunas sombras sobre la economía mundial.

Para el turismo, los primeros compases de este año mostraban la alegría habitual y, aunque las previsiones eran de cierta moderación en su evolución, este sector celebraba ya nueve años de crecimientos ininterrumpidos. Para el horizonte 2030, los augurios de las organizaciones internacionales nos remitían a cifras mareantes: 1.800 millones de llegadas internacionales de turistas y hasta 15.600 millones de turistas domésticos (es decir, de residentes dentro de sus propios países).

El virus produce un duro mazazo a la economía del turismo mundial, que rompe abruptamente su recorrido tan favorable, y hace mella en la confianza de los turistas en los viajes, si bien no sabemos durante cuánto tiempo. En estas circunstancias, la recuperación se torna incierta y difícil, especialmente en economías con una fuerte dependencia de esta actividad, como la española.

Con el cierre prácticamente general de la economía del turismo, la secuencia siguiente a abordar es la de su reconstrucción, una vez controlados o, al menos, minimizados los efectos del coronavirus. Hay que volver a empezar, y hay que hacerlo utilizando para ello los elementos más adecuados, como si se tratara de la reconstrucción de un edificio muy deteriorado, casi en ruina.

Por eso, parece prioritario analizar cómo estaban los pilares que sostenían al sector turístico justo antes de la aparición de la pandemia. Ya podemos anticipar que, al menos algunos pilares, estaban seriamente deteriorados y el daño podía extenderse con el paso del tiempo.

Desde el punto de vista ambiental y social, los desequilibrios eran cada vez más patentes y una seria amenaza para poder sostener con garantías un artilugio tan formidable y complejo, como podemos calificar al turismo moderno. Estos desequilibrios estaban poniendo en cuestión el propio modelo de crecimiento de la actividad.

En estos días de crisis los esfuerzos institucionales se redoblan. La Comisión Europea se empeña en restaurar de forma segura la libre circulación y volver a abrir las fronteras interiores. También tiene entre sus prioridades el restablecimiento de forma segura del transporte, de la conectividad y de los servicios turísticos.

Pero, junto a la urgencia y necesidad de restaurar los puentes abatidos tras la covid-19, nos parece esencial, aquí y ahora, reconstruir sólidamente los cimientos del edificio que sostienen la industria de los viajes. En esta transición, creemos que se tendrán que abordar, al menos, tres actuaciones previas:

- Sanear los pilares dañados por los impactos causados por la actividad turística en muchas ciudades y destinos.

- Restaurarlos para proteger y reforzar a turistas, ciudadanos y empresas.

- Construir juntos un nuevo modelo de desarrollo para esta actividad, con perspectiva estratégica y global, y nuevas fórmulas de gobernanza.

Esta transición debe ser un tiempo propicio para que florezcan políticas públicas sólidas y bien concebidas, que pongan el centro en la preservación de la vida por encima de cualquier otra circunstancia. Necesitamos dotar de mayor certidumbre a este sector y ofrecerle un rumbo más seguro y estable en las próximas décadas. Reducir los desequilibrios es reducir la vulnerabilidad, condición necesaria para ganar entre todos un futuro en el que el turismo sea más seguro, más saludable y más verde.

Tras esta crisis vamos a perder, con seguridad, mucho valor económico por las reducciones tan sensibles en los índices del crecimiento, pero no podremos permitirnos seguir perdiendo valor público en momentos tan cruciales como los que vivimos. Y fortalecer el valor público está en nuestras manos.

El propósito de este libro es abordar una serie de dilemas globales que afectan a la actividad turística con la mirada principal puesta en España, pero proyectada a su vez sobre una realidad turística global.

Dentro de nuestro análisis van a encontrar algunos de los múltiples retos que conforman la agenda turística global y que ya eran visibles y generaban atención antes de la covid-19. Para ello, hemos desglosado el libro en nueve partes diferentes: el turista, la población mundial, el desafío en las ciudades del siglo XXI, el crecimiento, las contribuciones del turismo, las plataformas colaborativas, la recuperación verde, las personas en el turismo, las políticas públicas y la reconstrucción del turismo global, a modo de epílogo.

Somos muy conscientes de la dificultad de la tarea que emprendemos, por lo que nos acercamos a tratar las cuestiones citadas con la necesaria prudencia y humildad —pues tenemos toneladas de incertidumbre y pocos gramos de certezas— y con pensamiento crítico, abierto al debate público. Hemos tratado de analizar las cuestiones planteadas desde nuestra experiencia profesional acumulada en los últimos 28 años en puestos directivos del sector público en organizaciones internacionales, estatales, regionales y locales.

La reconstrucción debe comenzar más pronto que tarde. Esta parada, tan desgraciada, nos deja un tanto inermes, pero la preocupación general no debe frenar la necesaria reacción. Para emprender el camino, hoy más que nunca deberemos orientar nuestras acciones, apoyados en los valores de la sostenibilidad y el interés general, que tantas veces hemos proclamado y olvidado en la gestión cotidiana acelerada e intensa, propia de una actividad turística donde la luz del éxito parecía no apagarse nunca.

En el juego del golf, aunque no está recogido en sus reglas, se suele utilizar en el *tee* de salida, en partidos amistosos y a consideración de los jugadores, una segunda bola (popularmente se llama *mulligan)* con la intención de corregir el primer golpe y evitar comenzar la partida con frustración. Ahora, las circunstancias históricas nos han colocado, de nuevo, ante una segunda bola, que intentaremos lanzar con mayor precisión al centro de la calle. Hoy estamos a punto de pulsar la tecla de reinicio. Con esfuerzo, tenacidad y trabajo compartido, podremos asentar mejor los cimientos del mundo de los viajes. Lo necesitamos, tanto social como económicamente.

Este libro quisiera ser un pequeño homenaje a todos los colegas del turismo español y mundial con los que, en alguna ocasión, tuve la fortuna de compartir momentos tan agradables como provechosos, personal y profesionalmente. Son, afortunadamente, centenares aquellos a quienes guardo con gratitud en mi recuerdo. Especialmente, estas páginas van dedicadas a Toni Bernabé, a Joan Carles Cambrils y a Peter Jordan, excelentes profesionales y mejores amigos. Ojalá esta pequeña contribución resulte a los lectores útil en la tarea que llega.

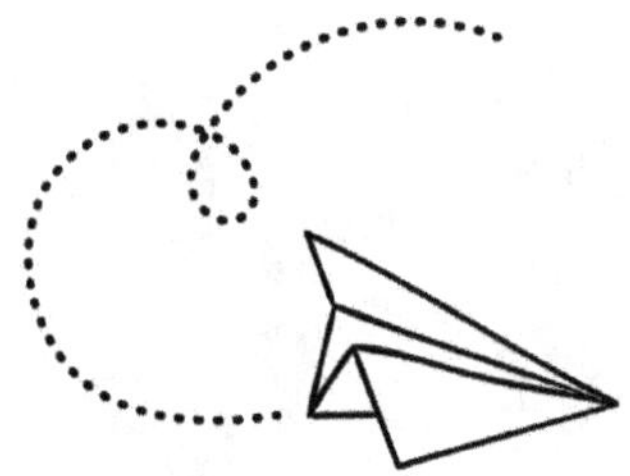

Parte I
El turista

1. Inmunidad. Nada ni nadie frenaba al turismo

"Viajar es una brutalidad: te obliga a confiar en extraños y a perder de vista todo lo que te resulta familiar y confortable de tus amigos y tu casa. Estás todo el tiempo en desequilibrio. Nada es tuyo excepto lo más esencial: el aire, las horas de descanso, los sueños, el mar, el cielo; todas aquellas cosas que tienden hacia lo eterno o hacia lo que imaginamos como tal."

CESARE PAVESE

Hoy resulta anacrónica la inscripción *Hic sunt dracones* (aquí hay dragones) —que se encuentra en el Globo de Lenox (1503), uno de los mapamundis más antiguos que se conocen—, con la que se quería designar a las tierras ignotas e inexploradas de la Tierra.

Tal vez el deseo de descubrir nuevos lugares y nuevas personas nunca se extinga, y cada vez que miremos al horizonte encontremos las evocaciones de los grandes viajeros, sus emociones y sus deseos de querer ver qué hay más allá[2].

Hoy resulta muy sorprendente descubrir aldeas o zonas del mundo exentas de un turismo institucionalizado. En contraste, resulta casi imposible no encontrar turistas, ya fuere en pequeñas islas remotas, en lugares asolados por la extrema pobreza o, incluso, en países en conflicto bélico, con alta criminalidad y violencia.

Entre los países más peligrosos del mundo en la actualidad se encuentran Afganistán, Siria, República de Sudán del Sur, Yemen e Irak[3]. Si entramos en el sitio web gubernamental de Afganistán[4], podremos leer que más de

90.000 turistas de todo el mundo visitaron Afganistán para ver la belleza única del país y experimentar el trato de una de las culturas más hospitalarias. El Gobierno alienta y ofrece su pleno apoyo al sector privado para que invierta en la industria del turismo. Es cierto que el riesgo de ser asesinado en un ataque terrorista mientras se hace turismo es moderado, pero está en aumento. Como vemos, la apuesta por el turismo en situaciones tan dramáticas parece no tener límites ni excepciones.

La República de Sudán del Sur, un país independiente desde 2011, acababa de salir en septiembre de 2019 de una guerra que dejó 400.000 muertos, millones de desplazados y una terrible hambruna[5]. En este país los turistas son una rareza —es notorio que es más peligroso llevar una cámara que un arma—. También aquí, el Gobierno está recurriendo al turismo, junto con algunas comunidades, mediante safaris, balsismo en el Nilo o viajes de escaladas de montaña.

En cualquier caso, es innegable que hay una estrecha correlación entre la competitividad turística y las condiciones de paz y seguridad de cada país. De acuerdo con los índices de organizaciones internacionales turísticas[6], solo se observa una correlación más débil entre seguridad y éxito turístico en los casos de India, México, Estados Unidos o Turquía, que mantienen una considerable pujanza turística, pese a que sus índices de seguridad son calificados de bajos o muy bajos.

Escribía J. K. Galbraith que, "a través de los siglos, los afortunados se las han ingeniado para arrojar de sus pensamientos y de su conciencia a los pobres. En muy pocos temas se ha mostrado la mente humana tan ingeniosa"[7]. Esa habilidad humana para invisibilizar los rostros de la miseria, hace muy poco deseable ser espectador directo de esos rostros y, por tanto, visitar como turista destinos o países donde la miseria habita de forma descarnada y puede golpear nuestras conciencias.

Naciones Unidas pone ante nuestros ojos algunos datos descorazonadores[8]: en países como Chad, Burkina Faso, Etiopía, Níger y Sudán del Sur, un 90 % de los niños de menos de diez años son pobres. Pero, mientras que en la web de Chad[9], se hace un llamamiento a que acudan al país todos los quieran sumarse a cooperar en áreas donde tienen grandes dificultades, en la guía *Lonely Planet* se abre la presentación de este "destino turístico" afirmando que Chad siempre ha sido un lugar donde los viajeros se despiden de su zona de confort y saludan a la aventura. Qué manera de sortear con este eufemismo la realidad de un país en el que, lamentablemente, la aventura es precisamente poder vivir cada día.

De acuerdo con la Organización Mundial del Turismo (OMT), los cinco países del mundo que declaraban en 2018 recibir menos turistas internacionales fueron: Isla de Montserrat, con 9.000 llegadas de turistas; Unión de las Comoras, con 36.000; República de Sierra Leona, con 57.000; Dominica, con 63.000, y San Vicente y las Granadinas, con 80.000[10].

Si tenemos la oportunidad de entrar, por ejemplo, en el más que digno sitio web de Montserrat[11] —*Come. We have time for you*—, que puede ser visitado en nueve idiomas, comprobaremos contenidos turísticos bien estructurados, con una oferta segmentada y presentada con pulcritud. Lo mismo puede decirse de las profesionales presentaciones que hacen de Dominica —*The nature island*—, o de Sierra Leona —*Experience. You have never seen*—.

En resumen, y con independencia de las condiciones extremas existentes en muchos países, el turismo permite a las personas comprobar la quimera del planeta Tierra, y ha comprimido el globo de forma irreversible.

2. Sobre la vulgar condición de *turista*

Desde la idea romántica de antaño del viaje como experiencia de prestigio, el turismo gregario y convencional va perdiendo esa pátina para alcanzar una consideración menos amable. El hecho de querer reclamarse *viajero* en lugar de *turista* es todo un clásico en el mundo del turismo, atribuible a quienes tratan de escapar de dicha etiqueta presuntamente peyorativa. Probablemente, tras este intento de ubicarse en la categoría superior de *viajero*, se escondan elementos clasistas y estigmatizadores. Y esto es así porque el turismo presenta, tantas veces, asociaciones con lo trivial, falso o superficial.

Ya cuando se iniciaron las vacaciones de los trabajadores a resultas de determinadas conquistas sociales, se registraron no pocas quejas sobre el hecho de que grupos que se presumían vandálicos invadirían monumentos y profanarían santuarios naturales, que hasta entonces habían sido accesibles para los *happy few*[12]. En este sentido, Ortega y Gasset subrayaba que "las masas sienten apetitos y necesidades que antes se calificaban de *refinamientos* porque eran patrimonio de unos pocos"[13].

En todo caso, cualquier tipología o modalidad de desplazamiento fuera del domicilio habitual, con al menos una pernoctación, y con independencia de su narrativa exculpatoria o intento de diferenciación, debiera ser considerada integrada en el proceso de la gran maquinaria turística, que englobaría tanto a *turistas* como a esa neoclase ilustrada de *viajeros*.

Un ejemplo que rezuma ese vano e ingenuo intento de separarse del "vulgar turismo", es el que nos ofrece el escritor Arturo Pérez-Reverte, al visitar y consumir parte de su tiempo en Lisboa en genuinos iconos de la ciudad como el Café La Brasileira o la Pastelaria Suiça, lugares ambos destacados y recomendados en todas las guías turísticas mundiales. Escribe Pérez-Reverte:

> Paseando por lugares cuya historia ignoramos, fotografiándonos ante monumentos y cuadros que nos importan un carajo, pero que se indican como parada obligatoria. Trofeo del safari. [...] Pienso en eso en Lisboa, sentado en la terraza de la pastelería Suiça, mientras compruebo en qué hemos convertido, también, esta hermosa ciudad hasta hace poco elegante y tranquila. Los operadores turísticos se lanzan ahora sobre Portugal, y todo está lleno de gente en calzoncillos que bloquea las calles caminando tras guías políglotas que levantan en alto banderitas y paraguas de colores. Eso trae dinero, claro. [...] Frente a La Brasileira, docenas de guiris que ni saben quién fue Pessoa ni les importará jamás se retratan junto a la estatua del escritor que, de verse tan sobado, se ciscaría en su puñetera madre. [...] En la vieja Suiça, donde intento leer tranquilo, un grupo de anglosajones especialmente escandaloso y bestial bebe alcohol, grita, canta y maltrata al veterano camarero de chaquetilla blanca. Harto de esos animales, entristecido por la suerte de la ciudad antigua y señorial, me levanto y ocupo una mesa que ha quedado libre en el extremo opuesto de la terraza. Al poco se acerca el camarero, trayendo mi bebida. Entonces miro hacia aquellos escandalosos hijos de puta y le digo al camarero: "He tenido que venir a una mesa que esté lejos". Y el camarero, con ademán triste y elegante de viejo lisboeta, se encoge de hombros, sonríe melancólico y responde: "Ya no hay mesas lo bastante lejos".[14]

Su acerada crítica al turismo masivo se debilita, a nuestro juicio, por ese aroma elitista y, sobre todo, lleno de ingenuidad. ¿Quién, en nombre del cielo, va a Lisboa sin ser consciente de estos efectos espejo? No hace falta ser un *viajero* demasiado perspicaz para imaginarse que en Lisboa, uno de los destinos más *cool* del mundo en estos momentos, en determinadas épocas del año y en los lugares visitados uno pudiera extrañarse de encontrar agobios y visitas masivas que provocasen tales diatribas. ¿Podría extrañarse el escritor de encontrar multitudes en los meses de julio o agosto, por ejemplo, en la Galería de los Uffizi en Florencia?, pareciera que sí y que, a continuación, arremete sin misericordia contra aquellas. Está claro que al señor Pérez-Reverte no le gustan semejantes figurantes urbanos. Algunos quieren lo exótico para no tener que mirar en el espejo de su fatiga.

No es nueva esa suerte de superioridad moral cuando algunos se refieren genérica y despectivamente a *los turistas.* "Aprecio los lugares de una manera que la gente común no sabe o no puede". Don Miguel de Unamuno se preguntaba por los motivos de los viajeros para viajar y escribía: "¿Para qué viajan la mayoría de los que viajan? ¿Hay algo más azarante, más molesto, más prosaico que el turista? El enemigo de quien viaja por pasión, por alegría o por tristeza, para recordar o para olvidar, es el que viaja por vanidad o por moda"[15].

A los turistas no parece agradarles los otros simples turistas, sin darse cuenta o importarles de que estando en el mismo espacio turístico y en la misma posición de turistas contribuyen a lo que tanto les irrita. Parece que se critica a los turistas por salir de casa para visitar lugares de interés.

3. La incansable búsqueda de la *experiencia*

"El mundo de principios del siglo XXI ha ido mucho más allá de formar vínculos entre grupos diferentes. En todo el globo, las personas no solo están en contacto entre sí, sino que comparten cada vez más creencias y prácticas idénticas."

Yuval Harari

La retórica de buena parte de proveedores de la industria turística está plagada de discursos sobre las promesas de *autenticidad* de las experiencias que ofrecen a los turistas. Un término tan usado como el de *experiencia* sería el bálsamo de Fierabrás actual, capaz de curar y resolver todas las inquietudes y sueños viajeros.

En relación a esa búsqueda permanente, a ese estado tan próximo a la felicidad que se agita desde la prometida *experiencia turística*, Mac Cannell mantenía que "el modo turístico de entrar en contacto con los nativos es iniciar una búsqueda de experiencias, percepciones y opiniones auténticas. Los turistas realizan salidas valientes de sus hoteles, con la esperanza, quizá, de lograr una experiencia auténtica, pero sus recorridos pueden ser rastreados por adelantado en pequeños incrementos de lo que para ellos constituye una autenticidad cada vez más *aparente*, brindada por los escenarios turísticos"[16].

La búsqueda de una experiencia mercantilizada esconde, muchas veces, la incapacidad o la falta de voluntad para tratar de buscar un compromiso auténtico. En realidad, estos compromisos son realmente imposibles cuando no se tienen contactos personales con los otros y cuando, además, no se manifiesta el más mínimo interés en conocer más de sus vidas y de los lugares visitados.

Tenemos muchas veces la sensación de que la *experiencia* de la visita turística tiene muy poco de *verdadero aprendizaje*, aunque admitiésemos que la mayoría de los turistas, en mayor o menor medida, tienen un compromiso con la sociedad y la cultura, y que el viaje y el turismo proporcionan acceso directo a una visión del mundo y confieren más profundidad histórica a otras culturas.

Escribía el pensador Theodore Zeldin que, "en 2012, hubo en el mundo mil millones de personas haciendo turismo. Nunca en la historia había habido tantos desconocidos paseando juntos por los mismos lugares pero sin dirigirse la palabra ni hacerse preguntas, sin decir lo que piensan el uno del otro o sobre sí mismos"[17], y es que, parece evidente, que encontrarse no significa haber desarrollado la capacidad de interactuar con el otro.

El turista contemporáneo, cuando regresa de sus viajes, trufados de visitas y recorridos interminables, no tiene apenas qué decir, muy pocas cosas sobre las que escribir. En cualquier caso, una motivación principal de las visitas a atracciones turísticas descansa en el hecho de poder relatarlo, de poder decir "he estado allí", es decir, de participar en un cierto ritual colectivo y con ello acumular dicho lugar visitado al listado personal de visitas marcadas.

Parece que el tiempo escaso del que dispone en general el turista para coleccionar lugares y países, debilita la llamada *experiencia provechosa*. El tiempo, que evita las prisas y ofrece la ansiada e inalcanzable lentitud, nos ofrecería una nueva mirada, una perspectiva de mayor plenitud sobre el viaje y sobre nosotros mismos. Uno de los filósofos que con mayor detalle examina la sociedad hiperconsumista, Byung-Chul Han, mantiene que es necesaria una "revolución" en el uso del tiempo, ya que la aceleración actual disminuye la capacidad de permanecer, abogando por un tiempo propio que el sistema productivo no nos concede.

4. El planeta nunca ha sido más pequeño ni los turistas más ubicuos

"La Tierra no se ha agotado porque haya demasiado gente, sino porque una minoría ha consumido la mayoría de los recursos."

CAROLA RACKETE

Parece evidente que la población humana es una de las variables más importantes de la ecuación de la sostenibilidad. Según Naciones Unidas, en este momento vivimos 7.594 millones de personas en este planeta[18]. Quizás demasiadas, según impresiones generales.

Hay quienes se encuentran alarmados ante la explosión exponencial de la población global. Se dice que la población "no hace más que aumentar", tildando esta circunstancia como una de las grandes amenazas de la humanidad, pues parece evidente que la población no puede crecer sin contención en un planeta con recursos limitados.[19]

Hoy, al mismo tiempo, se visibiliza el problema de los países desarrollados que sufren la caída de la población y al que en potencia se sumarán muchos más en las próximas décadas del siglo. Hoy constatamos, en España, que el crecimiento de la población se frena, puesto que el movimiento natural de la población registra ya cuatro años de decrecimientos.

Entonces, ¿estamos ante una explosión de la población mundial o ante su fin? Es cierto que la población está aumentando con rapidez. En 2030 seremos entre 8 y 8,2 mil millones de personas pero, como advierte H. Rosling,

"""

es falsa la idea de que la población no hace más que crecer y a gran velocidad. El crecimiento ha empezado a ralentizarse y los expertos de Naciones Unidas están bastante seguros de que seguirá ralentizándose a lo largo de las próximas décadas.

Observamos nuestro mundo urbanizado a distintas velocidades en su evolución. Naciones Unidas preveía que, de 2017 a 2050, la mitad del crecimiento de la población mundial podría estar concentrada en solo nueve países: India, Nigeria, República Democrática del Congo, Pakistán, Etiopía, Tanzania, Estados Unidos, Uganda e Indonesia[20]. África, por tanto, será la propulsora demográfica del mundo en las décadas venideras.

Hay una variable importante que debe entrar en juego cuando aludimos a la población, a su incremento y a sus consecuencias, que es la densidad[21], máxime cuando la misma ha quedado muy en entredicho en esta crisis sanitaria global. Esta variable no es demasiado significativa si se limita a dividir el número de personas por el área de tierra de un país. El profesor Alasdair Rae ha llamado *densidad de vida* a las áreas de 1 km^2 con personas que viven en ellas, y estima que esta medida proporciona una manera de ver los tipos de densidades de población que las personas experimentan en sus vidas cotidianas, dentro de las áreas construidas, capturando mejor la realidad en ciudades y pueblos[22].

España tiene una densidad de población de 94 personas por km^2, menor que la densidad media de los países de la Unión Europea. Es un país en gran parte deshabitado, y el menos poblado de toda Europa, incluyendo la Europa del norte glacial[23], pero esto no refleja la experiencia en el territorio.

En España, solo el 13 % de los españoles viven en el interior y el 48,5 % en grandes ciudades, muy por encima de la media europea que se situaría en el 40 %. Un dato muy expresivo refleja bien el gran desequilibrio del reparto de la población en el territorio: el 72 % de los residentes en el país ocupa el 1 % del territorio, y el 90 % de la población vive en el 12 % del territorio[24]. Estos datos, no por repetidos, pueden dilatar durante mucho más tiempo uno de los grandes retos pendientes del país en su conjunto, que es el demográfico.

El reto demográfico ya está incluido en la agenda política de España, y desde las actuaciones a impulsar en esta materia se pretende extender la palanca económica del turismo para equilibrar más la distribución de los flujos actuales y fijar población en núcleos rurales con dinámicas de despoblación[25].

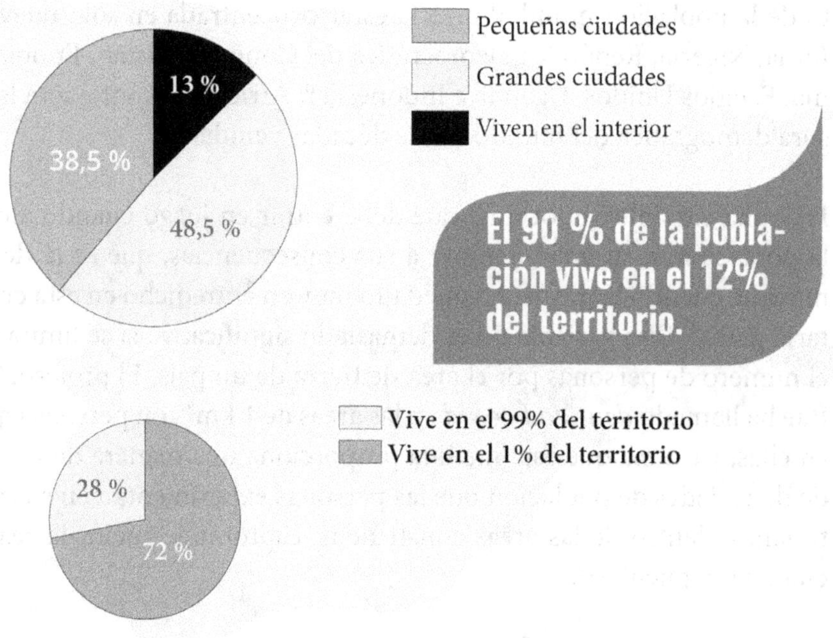

Fuente: Elaboración propia a partir de datos del INE. Datos a 1 de enero de 2019.

Tómese en cuenta que, desde 2009 hasta 2019, el 76 % de los 8.124 municipios españoles han perdido población. Dentro de estas poblaciones en declive se encuentran casos ilustrativos como el de Torrevieja (Alicante), que protagonizó en su momento un desarrollo turístico masivo y que, en estos últimos diez años, ha pasado de 101.000 vecinos a 83.000, dato que también invita a la reflexión sobre el modelo de desarrollo que ha hecho posible este resultado económico y social.

Esta explosión demográfica de las últimas décadas en el mundo, se ha manifestado también en millones de turistas, en oleadas de vuelos, autobuses turísticos, cruceros y coches. Más personas que nunca antes están experimentando las alegrías de viajar, aventurándose a rincones cada vez más exóticos del planeta. El planeta nunca ha sido más pequeño ni los turistas más ubicuos.

Parte II
Desafíos en las ciudades del siglo XXI

1. La cultura de la congestión

> "A todos les es dado tomar un baño de multitud; gozar de la muchedumbre es un arte, y solo puede darse a expensas del género humano un atracón de vitalidad aquel a quien un hada insufló en la cuna el gusto del disfraz y la careta, el odio del domicilio y la pasión del viaje."
>
> CHARLES BAUDELAIRE, *Las muchedumbres*

Las multitudes traen su causa principal de la explosión demográfica ocurrida en los siglos XIX y XX. En la sociedad moderna y en la vida cotidiana de residentes que viven en urbes y zonas de alta densidad, el hacinamiento y las grandes aglomeraciones en estaciones de ferrocarril, transportes públicos, grandes eventos, zonas comerciales o carreteras, es algo común dentro del paisaje cotidiano y contribuye a elevar la sensación de estrés y agobio. Tampoco parece un fenómeno nuevo.

La existencia de una ciudad descansa en una fuerte densidad, pero debiéramos preguntarnos sobre qué límites de densidad son admisibles para poder procurar una vida digna. La respuesta no es sencilla. Desde el punto de vista climático pueden ser más eficientes las ciudades densas, pero no para cuestiones sanitarias, como la covid-19 ha puesto de manifiesto en muchas grandes urbes donde la reciente pandemia se ha extendido con mayor facilidad y profundidad. No resultará sencillo dilucidar estas contradicciones en el camino de encontrar formas de ciudad más equilibradas.

Decía Ortega y Gasset, en su influyente obra "La rebelión de las masas"[26], que "las ciudades están llenas de gente, los trenes llenos de viajeros, las playas llenas de bañistas. Lo que antes no solía ser problema empieza a serlo casi de continuo: encontrar sitio".

Tememos a las multitudes. Sobre las mismas se proyecta muchas veces el instinto del miedo ante el daño físico o la inseguridad. Todo lo que sea acumular muchas personas en un mismo lugar se hace insostenible. La ciudad sin gente es una ciudad muerta.

Sin embargo, hay otras consideraciones opuestas por completo, que mantienen que las aglomeraciones humanas son un fenómeno voluntario que controlamos bastante bien y a cuyas condiciones sabemos adaptarnos[27]. Incluso, algún autor mantiene que el ser humano se siente a gusto en las multitudes y le satisfacen, dando la impresión de que las busca, (por ejemplo, encontrarse en un estadio abarrotado de público o en una playa atestada de bañistas)[28].

Es en las calles de las ciudades donde compartimos nuestras vidas y experimentamos la cultura de la congestión. Calles llenas en todo momento en las mayores ciudades del mundo. La multitud es una experiencia física, en la que la forma y espacios de la ciudad representan un papel relevante. La multitud es un signo potente de la vida urbana y una calle llena de vida nos sugiere una ciudad que está en buena forma[29].

Las ciudades antiguas sufrieron todas las consecuencias negativas que trae la vida urbana, no solo el hacinamiento al que nos referíamos, sino la delincuencia o las enfermedades e infecciones masivas.

La historia de Europa también se forjó por plagas y enfermedades durante milenios que produjeron enormes impactos demográficos y sobre los sistemas de producción. Históricamente, el incremento del tamaño de las ciudades, la mejora en su accesibilidad mediante rutas comerciales y, después, turísticas, el incremento de los contactos con forasteros y diferentes poblaciones animales, eran factores que posibilitaban la aparición de pandemias.

Pero los problemas de superpoblación y masificación en determinadas urbes modernas, por el proceso imparable de urbanización de la humanidad, siguen constituyendo problemas reales por sus consecuencias indeseables como estamos viendo ahora con la covid-19, y poco antes con la polución, con la saturación de servicios públicos y sistemas de transporte, la gestión de residuos, el suministro de agua potable, y así sucesivamente. La proximidad en las ciudades, como señala Edward Glaeser, "facilita el intercambio de ideas y bienes, pero también el intercambio de bacterias y el robo de bolsos".[30]

Gráfico 2: Correlación entre movilidad turística global y covid-19

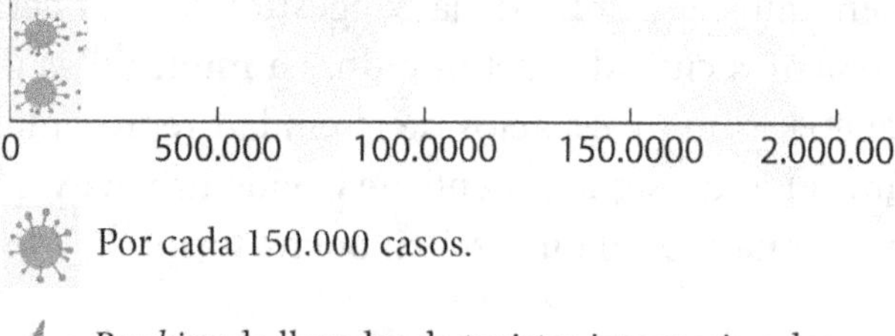

Fuente: Elaboración propia con datos de OMT y Johns Hopkins, Center for Systems Science and Engineering. Datos al día del 3 de junio 2020: https://bit.ly/covid19JavierBlanco.

Hoy observamos igualmente cómo la movilidad global impulsada por una conectividad del transporte sin precedentes —especialmente la aérea—, puede ser una explicación plausible de la directa correlación entre países con mayores números de casos registrados de coronavirus y la posición de dichos países en el liderazgo turístico mundial. En efecto, entre los diez países que en 2019 lideraban la lista de mayores receptores de turistas internacionales, ocho de ellos (Francia, España, Estados Unidos, China, Italia, Turquía, Alemania y Reino Unido), se encuentran a su vez en la lista de los diez primeros países con casos registrados de coronavirus.

2. ¿Qué es lo que hace a una ciudad?

Conviene abordar el análisis de esta pregunta desde perspectivas transversales, observando la ciudad en su conjunto, para así comprender mejor sus transformaciones y sus retos.[31]

Una ciudad y su identidad son consecuencia de un complejo puñado de factores que se van sumando a lo largo del tiempo. Es obligada, por su vigencia y utilidad, la referencia a la visión de J. Jacobs: la ciudad y la forma de la ciudad deben ser diversas y heterogéneas. Las ciudades *son* las personas y *para* las personas, tanto para quienes las habitan como para quienes las usan, que también son parte de la ciudadanía.[32]

La existencia de una ciudad descansa, además de en una fuerte densidad, en una diversidad social máxima, y en su capacidad de adaptación y renovación. Para "hacer ciudad", para "hacer sociedad", —como mantiene Ian Brossat—, la ciudad no debe estar reservada a una élite económica y social mientras las personas precarias son relegadas a la gran periferia.[33]

El "derecho a la ciudad"[34], que surge en el último tercio del siglo pasado, es una aspiración que busca garantizar una vida decente y plena para todos sus habitantes, donde cada uno se gane el derecho a no ser llamado *extranjero* en el mismo universo social donde conviven residentes, turistas e inmigrantes.

Mantener la diversidad social de la ciudad es un desafío presente para ciudadanos y responsables públicos, ya que se trata de permitir a las clases medias y capas populares poder seguir viviendo en las ciudades más dinámicas y atractivas.[35]

Y esto no es una preocupación banal. A la vista de que las grandes ciudades atraen cada vez más a las nuevas clases altas, se estaría cristalizando una geografía social cada vez menos igualitaria, donde las metrópolis se enriquecen mientras las periferias registran una reducción del empleo.[36]

El objetivo del *derecho a la ciudad* implica abordar un conjunto de retos y cuestiones urbanas: la espacial —como la *gentrificación* o la segregación—; la movilidad; la inseguridad; la identidad o sentimiento de comunidad; la contaminación; el coste de la vivienda en zonas tensionadas; la saturación del espacio urbano; la conflictividad social, etcétera. Todos estos temas están generando una nueva agenda sobre la igualdad en las políticas urbanas.[37]

Además de las expulsiones de clases populares de los centros urbanos, la combinación de alguno de estos factores desfavorables, sigue produciendo otros efectos complementarios: numerosas familias abandonan las grandes ciudades en busca de calidad de vida. Según C. Guilluy: "Ciertas ciudades como París, registran saldos migratorios cada vez más negativos: hoy, siete de cada diez habitantes desean abandonar la región-metrópolis parisiense. Así, y contra las predicciones de los expertos, las aglomeraciones más pobladas no son automáticamente superiores en términos de atracción ni en términos de innovación. La trasnochada ideología de la metropolización del *big is beautiful*, ya ha muerto".[38]

3. Ciudades moldeadas por los turistas y para el turismo

> "A eso conduce el desarrollo del turismo. En vez de ser las ciudades para sus ciudadanos serán para los forasteros."
>
> ANDRENIO, *La Vanguardia*, 2 de octubre de 1910

El turismo es uno de los componentes centrales de la economía, de la vida social y de la fisonomía de las ciudades mundiales post-industriales, ya que ha sido un factor determinante de las formas urbanas contemporáneas.

Los viajes a las ciudades, llamado *turismo urbano*, representan en torno al 45 % de los viajes mundiales.[39] Las ciudades compiten agresivamente en la atracción de nuevos turistas como fuente generadora de ingresos, y se venden como cualquier otro producto de consumo, siendo cada vez más las que se integran en procesos de sobreexplotación.

Para ello, las ciudades han apostado por políticas de renovación y adaptación, intentando ofrecer escenarios sugestivos que merezcan ser visitados y vividos. Y aludimos a escenarios urbanos alineados con la actividad turística para subrayar la idea de que los monumentos o iconos turísticos aislados ya no definen necesariamente al turismo urbano de hoy. De ahí que se haya asegurado que la constante transformación del territorio urbano para acomodar a los turistas ha llegado a ser una característica permanente de la política económica de las ciudades. Resulta innegable que, durante décadas, han sido los turistas, más que los propios residentes, quienes han forjado la imagen de algunas de las ciudades más atractivas del mundo.

Podríamos citar en este punto, entre otros muchos ejemplos urbanos, el de Burdeos. En la ciudad de la Aquitania francesa una enorme operación de renovación de la ciudad se emprendió en los últimos 25 años, recuperando el esplendor de sus antiguos edificios y rediseñando su trazado urbano. La periodista Elizabeth Becker destaca el papel que ha jugado el turismo en la transformación de la ciudad: "El renacimiento de la ciudad se basó en la premisa de que el turismo sería su nuevo motor económico, sustituyendo a su antiguo papel como puerto marítimo hacia el Atlántico. Y superó las expectativas: su centro histórico fue declarado patrimonio mundial en 2007; en 2015, fue elegida *mejor destino europeo para una escapada*; el *New York Times* la situó en el segundo puesto de su lista de sitios que visitar en 2016, y *Lonely Planet* la eligió mejor ciudad del mundo para visitar en 2017".[40]

Todo ello viene a subrayar que, para el éxito de las ciudades turísticas de hoy, resulta capital contar con infraestructuras vigorosas, recursos equilibrados para el ocio y para los negocios y una acreditada identidad cultural. Pero, por encima de todo ello, resulta indispensable tener la voluntad de desarrollar una ciudad con espacios diseñados para atraer visitantes, que trascienda lo cotidiano.

La globalización del turismo conduce a una mayor homogeneización de las ciudades, que aunque se esfuerzan en destacar publicitariamente su identidad y su singularidad local, cada vez más se representan ante los ojos de los turistas con códigos muy similares. Como señalan Judd y otros, "en muchas ciudades, un perímetro bien definido separa el espacio turístico —*burbujas turísticas*— del resto de la ciudad, cuyos efectos serían crear islas de afluencia que son rápidamente diferenciadas y segregadas del escenario de los entornos urbanos".[41] Esto explica, a su vez, las respuestas de muchos residentes en las ciudades turísticas. Así, por ejemplo, que los venecianos escapen de las calles céntricas de su ciudad o que los barceloneses eviten pasear por Las Ramblas.

Es cierto, al mismo tiempo, que el turismo en las ciudades no es una tipología uniforme y cerrada, sino que adquiere diversas modalidades, desde la de las ciudades creadas *ad hoc* para el consumo turístico: Walt Disney World

(Orlando), Las Vegas (Estados Unidos) o Benidorm (España) hasta las ciudades propiamente históricas.

Pese a la evidencia de los procesos uniformizadores que observamos en muchas de nuestras urbes, no parece que exista mucha sensibilización ciudadana o preocupación ante esta acelerada y a veces agresiva transformación del paisaje urbano que, curiosamente, logra que las necesidades de los locales no se correspondan con las de los turistas. Y esto ya es un problema sobre el que reflexionar.

La falta de autenticidad deviene de una representación no genuina de la realidad de la ciudad y de sus aristas menos amables. Son espacios turísticos petrificados a modo de oasis para entretener con un disfrute oficialmente pautado.[42] Es decir, espacios que actúan como contenedores donde se concentran mayoritariamente los turistas como protagonistas relevantes, muchas veces para observar a otros turistas.

Estos procesos de concentración turística no son fácilmente reducidos por otras políticas transversales para reconducir flujos turísticos que promuevan las ciudades, ni por el creciente fenómeno de viviendas y apartamentos comercializados por las plataformas tecnológicas en barrios de las ciudades. Estas cuestiones serán tratadas más pormenorizadamente en páginas posteriores.

La transformación espacial, que tiene su derivada en la construcción y funcionamiento de los espacios turísticos, serían para el profesor Sergi Yanes "un claro ejemplo de que el turismo es una maquinaria perfecta de colonización espacial y temporal. En lo espacial, el turismo impone su urbanismo y en lo temporal, sus ritmos".[43]

Resulta significativo que, por ejemplo, en Barcelona, barrios como Sant Pere, Santa Caterina o Barceloneta, donde se ha invertido mucho para peatonalizar, mejorar alumbramiento público, alcantarillado, recogida de basuras o abrir espacios comunitarios, son los más inundados por el turismo. El turista ocupa de forma natural los lugares renovados. Por otra parte, otro de los retos a abordar por las ciudades que reciben grandes cifras de turistas es cómo adaptarse o hacer frente a poblaciones cada vez mayores, con más visitantes y más residentes, para lo que necesitan ineludiblemente contar con mayores espacios. Ámsterdam tiene 820.000 habitantes, y fue visitada en 2019 por nueve millones de turistas. La mayor parte de su turismo se mueve alrededor de la superficie de su centro histórico, de calles estrechas y rodeado de canales. La ciudad está acogiendo multitudes propias de nuestro tiempo y del turismo urbano, pero en calles del siglo XVII. De ahí el estrés que produce el turismo excesivo y las dificultades que tienen los gestores de la ciudad para organizarlo en espacios tan limitados.

La covid-19 ha puesto en evidencia que los espacios públicos en muchas ciudades no habían sido diseñados con la prioridad puesta en la convivencia, el disfrute del ocio y del tiempo libre de la mayoría de sus ciudadanos deambulando por sus calles, sino que sus procesos y funciones estaban muy conectadas con la mercantilización de dichos espacios. Los numerosos episodios observados de aglomeraciones en plazas, jardines y paseos de algunas grandes ciudades cuando en España se permitió salir por vez primera tras el confinamiento a los niños acompañados de uno de sus familiares, y a adultos y deportistas, fue una buena muestra de ello. Las ciudades no parecían estar preparadas para esos "nuevos" usos.

Por eso nos parecen tan esperanzadoras las medidas anunciadas en diversas ciudades del mundo, de planes para convertir espacios centrales de las mismas en espacios libres de coches —como en Londres, tal y como anunció recientemente su Alcalde—, para que puedan servir para pasear o circular en bicicleta y mejorar así la calidad del aire.[44]

La conciencia clara de avanzar hacia una ciudad que no sea sometida al turismo, sino que se integre adecuadamente en el fenómeno urbano actual, puede expresarse, entre otras ciudades, en Barcelona.

El Plan Estratégico de Barcelona 2020, aprobado por su Ayuntamiento, expresa con mucha claridad la relación constitutiva entre la ciudad y el turismo: "En muchas ciudades mundiales el turismo produce la ciudad y, al mismo tiempo, la ciudad configura también las posibilidades del turismo. El turismo es parte inherente y constitutiva del fenómeno urbano actual.

Las actividades turísticas no se pueden considerar algo extraño a la ciudad, no están *allí fuera*, sino que forman parte de su día a día, de sus dinámicas intrínsecas, incluso de su cotidianidad. De este modo, los turistas no deben ser considerados agentes pasivos *en la ciudad*, sino visitantes con derechos y deberes *de la ciudad*".[45] Y esto nos parece clave, el papel constitutivo del turista como portador de derechos y deberes en la ciudad que elige para visitar.

4. Nuevos espacios urbanos ocupados por el turismo. Plazos de amortización y altos rendimientos que marcan el camino del dinero

Quizás sea el fenómeno de la degradación de recursos de propiedad común, como los centros urbanos, los barrios y espacios populares, uno de los de mayor gravedad, al que muchas ciudades se vienen enfrentando.

Esos lugares van perdiendo su función integradora por distintas causas. Una de las principales es su ocupación progresiva por el turismo debido a su capacidad de atracción.[46]

A este proceso se suman quienes buscan nuevas experiencias urbanas con una cierta dosis de autenticidad, y acuden a estos nuevos espacios urbanos creyendo descubrir el carácter más *cool* de la ciudad, alejado de las rutas turísticas convencionales y trilladas. Ahora, cuando hay un estilo de vida menos familiar, y algunos sectores sociales buscan independencia y vida cultural y de ocio, hay más interés en visitar y quedarse en los centros urbanos.

En este contexto, y mientras nuevos residentes y visitantes persiguen estos espacios urbanos tan demandados, los movimientos de vecinos en dichos lugares alertan y protestan sobre la llegada de los turistas.

Es la *gentrificación (gentry),* acuñada por Ruth Glass en 1964, un proceso por el cual la alta burguesía urbana británica transformaba barrios pertenecientes a la clase trabajadora[47], probablemente bajo el señuelo de su revitalización o regeneración, y cuya lógica económica es impulsada por un cambio en el valor de la vivienda, la tierra y el coste de la vida en una zona específica.[48]

Gentrificación es, en resumen, la apropiación de un barrio por una *gentry* (la pequeña nobleza rural británica), que no lo habitaba previamente, a través de las ya conocidas etapas: abandono, estigmatización, regeneración y mercantilización[49]. Expresado de forma más simple: edificios enteros que entran en el proceso de regeneración, con la consecuencia de echar a sus inquilinos, y venderlos como inversión, cambiando su uso residencial por el turístico.

Una de las expresiones más novedosas y que ha centrado la atención de inversores y bancos por su alta rentabilidad es la que afecta a los *hostel* —una reinvención de los antes denominados *albergues*—, que implica disponer de edificios completos situados en el centro de ciudades turísticas. En España se han expandido a alto ritmo en una decena de ciudades, con mayor presencia en Barcelona, Madrid, Valencia, Bilbao, Sevilla, Málaga, Palma de Mallorca y San Sebastián.[50]

"Somos pobres", resumía Joan Forteza, presidente de la Federación de Asociaciones de Vecinos de Palma de Mallorca: "Nuestros salarios y pensiones son la mitad que en otros países europeos. Hay capital extranjero, grupos de inversión escandinavos, detrás de muchas empresas inmobiliarias que compran incluso edificios enteros. Venden o alquilan esas viviendas y a los diez años las tienen amortizadas. Si no hacemos nada, la gentrificación acabará con la personalidad de Palma. Estamos en el camino de convertirnos en una ciudad fantasma, con tiendas en alemán, inglés y sueco, sin cines, escuelas, ni comercio local; una ciudad de *souvenirs* y franquicias, de cadenas hoteleras. ¿Acaso no somos capaces de ver el futuro?".[51]

Pero este problema no es estrictamente local, sino que está vinculado con un sistema internacional donde afluye un capital flotante que invierte en propiedades inmobiliarias de grandes ciudades, especialmente turísticas, incrementando los precios para los habitantes de las mismas. Del mismo modo, las viviendas turísticas promovidas por gigantes de la denominada *economía colaborativa* han proliferado en estos espacios.

Como no estamos en el mundo del musgo y los helechos, diremos que estos procesos no se reproducen por esporas, sino que en su mayor parte han sido impulsados por políticas públicas aprobadas por gobiernos en distintos ámbitos de competencia. Y, precisamente, al final del proceso, "el sector público rellena espacios que previamente había contribuido a vaciar".[52]

El caso de Lisboa es paradigmático y lo explica bien Iago Lestegás: "En 2009, el Gobierno implementó el régimen fiscal de los residentes no habituales para atraer a profesionales cualificados y jubilados extranjeros. Los primeros disfrutaban de una tasa impositiva reducida sobre la renta del 20 % y los segundos no pagaban impuestos por sus pensiones. La crisis de 2008 no frenó la especulación urbana sino que solo la desplazó de la periferia al centro de la ciudad. En 2012, por mandato de la Troika, Passos Coelho liberalizó los alquileres desencadenando su actualización por encima de la capacidad económica de muchos inquilinos".[53]

5. Mientras las calles se llenan de gente, las casas se vacían

Entre los ejemplos de despoblación de vecinos de centros urbanos en grandes ciudades, Barcelona ofrece algunos argumentos de peso. En Las Ramblas, la calle más famosa de la ciudad, de una longitud de 1,2 kilómetros, y por la que pasan 300.000 personas cada semana, vivían hace un año 48 familias. En el padrón municipal constaban 1.100 vecinos censados.

Cuando se hizo recientemente un trabajo de campo, casa por casa, se identificó y localizó a cincuenta personas como vecinos. La urbanista y exconcejala del municipio, Itziar González, encargada de desarrollar un plan que permita recuperar la Rambla como una zona de espacio y paseo para la vida vecinal, manifestaba que el reto municipal era traer vida, trabajo y cultura a este lugar común tan emblemático de la ciudad, ahora mercantilizado. El flujo constante de la calle es de turistas que, según esta urbanista: "No están mirando la calle como los vecinos y están perdiendo el sentido de ese espacio, de las vivencias y sensaciones que tuvo. No pueden acceder a la cultura que ya hay en Las Ramblas, por ejemplo, a su patrimonio histórico o botánico".[54]

Los efectos locales y las consecuencias inherentes de estos cambios fomentados por determinados grupos dominantes y con recursos económicos superiores, han afectado tanto a su aspecto físico como a su composición social, con la separación o reducción alarmante de la presencia en dichos lugares de los sectores más débiles de la comunidad local y la llegada de nuevos inversores, propietarios e inquilinos de mayor capacidad adquisitiva y nuevas actividades. De lugares creados para vivir se ha pasado a lugares para consumir y para hacer turismo.

Desde el ámbito universitario, nos llegan estudios que ratifican que los ricos y los pobres están viviendo a distancias crecientes unos de otros, y que esto puede ser desastroso para la estabilidad social y el poder competitivo de las ciudades. En estas investigaciones se vincula la segregación con cuatro factores estructurales: desigualdades sociales; globalización y reestructuración económica; regímenes de bienestar, y sistemas de vivienda.[55]

6. ¿Los planes de revitalización mejoran la vida de sus vecinos?

Algunos planes de rehabilitación municipales puestos en marcha han generado un nuevo dinamismo económico y social, cambiando el paisaje comercial, acelerando la instalación de franquicias y comercios con estéticas prefabricadas, atrayendo no solo las visitas de turistas, sino también las de vecinos de otras zonas de la ciudad, con el consiguiente incremento del consumo en actividades culturales, gastronómicas o recreativas. Sin embargo, los turistas que consumen estos lugares no utilizan mayoritariamente los pequeños comercios tradicionales.

Ya hemos señalado que estos modelos de intervención en las zonas centrales de muchas ciudades cuentan, en principio, con narrativas legitimadoras de los poderes públicos y con la simpatía inmediata de los sectores más asentados económica y socialmente de esas ciudades. Al final, como escribía D. Harvey: "La forma en que vemos el mundo y definimos nuestras posibilidades depende del lado de la barrera en que nos hallemos y del nivel de consumo al que tengamos acceso".[56] El estudio de la red de relaciones, contactos y vínculos que genera una ciudad entre sus habitantes es la manera de captar la vitalidad y la creatividad de la urbe y entender sus dinámicas.[57]

Un equipo de la Universidad de Trento (Italia) desarrolló en 2016 un trabajo recopilando datos urbanos de seis ciudades italianas para poner a prueba las condiciones de J. Jacobs y su relación con la vitalidad de la vida urbana.[58]

Uno de los factores que el equipo investigador encontró crucial en el dinamismo de una ciudad fue la presencia de "terceros lugares", es decir, emplazamientos relacionados con el consumo que no representan ni el domicilio (primer lugar) ni el trabajo (segundo lugar). Estos terceros lugares son bares, restaurantes, centros comerciales, lugares de culto, parques, etcétera, a los que la gente acude para hacer vida social. Pero hablan de *presencia* de esos lugares, no de *invasión* o *colonización* de espacios urbanos por dichos terceros lugares o nuevos espacios de consumo, que es lo que viene a alterar sustancialmente dicha vida social dinámica ante la discriminación trágica de las comunidades locales y de sus viviendas, que dotan de vida real a esos espacios centrales o históricos de las ciudades. El centro de la ciudad, como reivindicaba Jacobs, es *para* las personas.[59]

7. La inestable convivencia entre residentes y turistas

"It is intellectually chic nowadays to deride tourists."

MAC CANNELL

Las ciudades, en las últimas décadas, han sido escenarios habituales de conflictos y actos de protesta que han visibilizado problemas globales, y cuyo hilo conductor apunta a las causas económicas, aunque no existe una correlación terminante entre crisis económica y protesta social. Las cuestiones económicas giran en torno al bienestar y condiciones de vida de sus ciudadanos.

En la Parte V de este libro, examinaremos algunas de las externalidades o impactos negativos que se derivan de la actividad turística. Cuando esos impactos son percibidos por los ciudadanos y afectan a sus propias vidas, los conflictos pueden generar, con mayores probabilidades, manifestaciones o expresiones de rechazo.

Las protestas frente al crecimiento turístico ilimitado han ido surgiendo con mayor notoriedad en el último lustro y se extienden globalmente. Parece que con estos fenómenos se estaría visualizando una de las principales consecuencias de la globalización que es, sin duda, la *dualización*, que protagonizarían por un lado una élite cosmopolita metropolitana y, por el otro, los demás, los *left behind*, los abandonados[60], dos visiones del mundo.

Las cantidades ingentes de turistas que acuden cada año a ciudades pequeñas, a lugares históricos o a parajes naturales y playas que alguna vez fueron
visitadas por viajeros privilegiados, han generado una contestación global.
Si bien estos conflictos son puntuales y de baja intensidad, están siendo una
llamada de atención a todos los agentes del sector turístico sobre los efectos
negativos de un desarrollo turístico desequilibrado. Y nadie podría asegurar
aquí y ahora que sucesos similares no pudieran replicarse o extenderse en el
inmediato futuro.

Hace muy pocos años ya se empezaron a vislumbrar, especialmente en países
del sur de Europa, algunas protestas contra determinadas formas de turismo
que hacían entrever que, probablemente, nos encontrábamos ante problemas reales de fondo, más que ante fenómenos episódicos protagonizados
por un puñado de radicales. Lejos de estas apreciaciones, otros observadores
del turismo han minimizado el fenómeno entendiendo que durante el mes
de agosto, con pocas noticias de interés nacional, recrearse en este tipo de
episodios sobre la degradación del turismo, con anécdotas y protestas varia-
das, garantizan atención en los medios.

Para empezar, los fenómenos de denuncia, movilización y resistencia ante el
desarrollo turístico sin límites no son exactamente algo novedoso. Quizás sí
lo sea la constatación de una mayor sensibilización social sobre los efectos
más nocivos del crecimiento turístico sin control.

Una de las causas señaladas como acelerante de posibles conflictos estribaría
en la mayor o menor conexión de los residentes con la actividad turística.
Si todos o la mayoría de los residentes en un destino turístico estuvieran
directa o indirectamente relacionados con el turismo, el conflicto podría ser
inexistente o ser de menor magnitud.

En España, la polémica con el turismo parece más fuerte en ciudades como
Barcelona, Madrid o Palma de Mallorca que en municipios pequeños donde
el turismo es más intensivo. Una razón quizás sea de tipo económico. En
Madrid o Barcelona mucha gente sufre las molestias del turismo sin beneficio directo. No ocurre lo mismo, por ejemplo, en poblaciones de las Islas

Canarias, donde se ven los costes del turismo, pero también sus beneficios para el conjunto de la sociedad y, sobre todo, para los particulares.[61]

A propósito de estas resistencias ciudadanas ante el desarrollo del turismo, S. D. Pack da cuenta de algunos episodios durante la dictadura franquista en España que, si bien no eran frecuentes, sí ilustran que las reacciones ciudadanas y los conflictos de intereses también surgían cuando se veían alteradas sustancialmente las condiciones de vida de los residentes. Así, los ciudadanos de Deiá, en la isla de Mallorca, trataron de frenar el turismo quitando de su nueva carretera la señal que indicaba el giro hacia el centro urbano, o en la ciudad de Comillas, en Cantabria, se constituyó un organismo de gestión turística local —un CIT—, que era "el único que no tenía por objeto promover el turismo, sino más bien evitarlo, para la comodidad de los veraneantes tradicionales"[62].

Mediada la década de los setenta, ya se podía apreciar un interés creciente por los impactos medioambientales del turismo y a mediados de los ochenta, las personas empezaron a descubrir la dimensión humana y los problemas socioculturales ligados al tiempo de movilidad por razones de ocio[63].

La defensa a ultranza de las propias vidas de los ciudadanos cuando las creen amenazadas por impactos indeseables derivados del turismo excesivo, llega a producir reacciones asombrosas, como la que leemos a propósito del aeropuerto Tegel (Berlín): "muchos ciudadanos votaron a favor de mantener el aeropuerto Tegel abierto en un referéndum reciente porque el ruido de los aviones impide que los turistas, los que ganan mucho dinero y los *hipsters* se muden al barrio"[64]. Al final se trataba de optar por la alternativa menos mala.

¿Cuáles son las causas reales y los objetivos de los movimientos cívicos organizados contra la turistización?, ciertamente son numerosas las causas por las cuales se han movilizado. Citamos seguidamente alguna de las esgrimidas por estos colectivos. Parece fuera de toda duda que el desencadenante principal estriba en el crecimiento exponencial del turismo, especialmente en algunos lugares y destinos. Si a este fenómeno le unimos otros ingredientes como las crecientes dificultades de acceso a la vivienda en ciudades turísticas y la desigualdad de ingresos que, en buena parte definen la vida urbana en muchos destinos populares, nos estaremos acercando a comprender las tensiones urbanas que han venido sucediendo en lugares de todo el planeta como consecuencia de determinadas formas de turismo.

Entre los efectos de tales crecimientos, se alude por los damnificados a la invasión o masificación turística en espacios y barrios que se consideraban *propios* de los residentes que luchan por el derecho a permanecer en sus barrios[65]. Dice el actor mallorquín Toni Gomila, rememorando otros tiempos, que "había espacios para los turistas, pero lo demás era para nosotros. Ahora también están los turistas por todos los sitios. Los tenemos en nuestra casa. Nos estorban"[66]. Los turistas vistos como objetos que se interponen a nuestro paso, que hacen impracticable las actividades que usualmente hacíamos como vecinos, que impiden practicarlas cómodamente, producen una sensación de pérdida.

La reducción del derecho a la vivienda por su encarecimiento es, sin duda, un detonante esencial del malestar ciudadano frente a la turistización: hay zonas residenciales que han debilitado su tejido tradicional comercial y vecinal sustituyéndolo por un modelo que prioriza el alojamiento turístico, y esta realidad no ha hecho más que acrecentar los conflictos locales.

Este debate sigue a la orden del día, y requiere de un diálogo que permita contrastar posiciones diversas sobre el desarrollo del turismo y sus implicaciones para las poblaciones locales, evitando distorsiones o simplificaciones, como, por ejemplo, las expresiones acusatorias de ciertos sectores empresariales, que tildan de *antiturismo* o de *turismofobia* a las reivindicaciones cívicas relacionadas con la turistización. Una estrategia errada, que muy probablemente no logrará tener mayor recorrido.

En efecto, algunas voces empresariales del turismo español han argüido ante estas cuestiones posturas cuando menos equívocas. La presidenta de la Federación de Empresarios de Hotelería de Mallorca[67], defendía públicamente que se intentase "evitar enviar mensajes de que aquí hay un exceso de turistas"; es decir, que es mejor para todos estar callados, y que hay que negar los problemas para que no se asusten los mercados. Podría parecer que, para la presidenta sectorial hotelera la preocupación o malestar de sectores ciudadanos sería la causa de los problemas que aquellos denunciaban.

En este recorrido, en el que observamos cierta tribalización de las opiniones en el debate, así como la banalización de elementos clave del mismo, otros agentes empresariales lindaban la sobreactuación. Así, un directivo del Grupo Iberostar decía literalmente en 2018: "Lo que nos parece más preocupante son las políticas públicas de algunas administraciones y las manifestaciones de aversión contra el turismo. Nuestro riesgo no está en el exterior, lo tenemos en casa»[68]. Y no se quedó muy atrás en papel similar el presidente de la Confederación Española de Agencias de Viaje (CEAV) quien, en 2018, relacionó las manifestaciones contra la turistización en Barcelona y Palma de Mallorca: "Con la ideología de sus gobernantes [...] situación que no se dará en Andalucía, si no se le ocurre a alguien cargar las tintas contra los turistas".[69] En este estado de cosas, no pareció muy extraño que esta marea de ligerezas alcanzase pronto las costas de los partidos políticos. En efecto, el exlíder del partido Ciudadanos, Albert Rivera, mantenía estas mismas posiciones, centradas en una visión economicista del problema y, por tanto, reduccionista, durante un mitin celebrado en Palma de Mallorca el 8 de julio de 2018 en el que pidió dejar de ir en contra del pan de la mitad de los ciudadanos de las islas, criticando a los que "ponen trabas a los que quieren generar riqueza mediante el turismo".[70] Como bien argumentaba en su tiempo el profesor Mac Cannell, a veces la postura proturismo está tan mal concebida que fundamenta la posición antiturista.[71]

Es cierto que vivimos tiempos de movimientos de rebeldía en los que es fácil organizar las protestas, pero es más difícil y lento preparar y ofrecer las respuestas adecuadas. Por ello, no se pueden aplazar ni desplazar las importantes cuestiones que afloran al calor de las protestas cívicas frente a la turistización, ni tampoco las necesarias respuestas políticas a las mismas. Las protestas se producen en los ámbitos locales, pero muchas de sus causas y factores son problemas de ámbito global cuyo abordaje y respuesta residen en marcos institucionales más amplios.

La economía y el turismo ya son globales, como también lo son el clima, la seguridad, las finanzas o las pandemias. En este sentido, la Unión Europea

—pese a sus limitaciones organizativas actuales—, está concernida en hacer frente a los problemas europeos y aportar su contribución y sus respuestas a los mismos.

El tratamiento transnacional de estos problemas no excluye la responsabilidad de los sectores públicos nacionales y locales, a quienes corresponde igualmente liderar las respuestas políticas a estos procesos, aglutinando a la pluralidad de actores involucrados en estos asuntos, impulsando propuestas y buscando soluciones consensuadas. A estas importantes cuestiones les daremos un espacio más amplio en la Parte VI de este libro.

Estamos, sin duda, ante una mayor complejidad en el ámbito de lo público y de lo común, pero reivindicar de manera crítica y pacífica medidas o cambios que pueden afectar a los derechos sociales de los ciudadanos es un deber cívico de participación. Bastaría volver a recordar nuestra Constitución para cerrar este punto: el artículo 23 establece que "los ciudadanos tienen el derecho a participar en los asuntos públicos, directamente o por medio de representantes". Un espacio que puede ser de mayor o menor intensidad, pero en el que los actores sociales y ciudadanos pueden y deben ser imprescindibles en los necesarios cambios que demanda el mundo globalizado. ¿Qué mejor medida preventiva de posibles conflictos que atender las indicaciones de nuestro Texto fundamental en este punto?

La mayoría de los colectivos sociales y vecinales del sur de Europa que han venido compartiendo diagnósticos y respuestas, se agruparon en la Red SET de Ciudades del Sur de Europa frente la turistización[72], y acreditaron en su manifiesto fundacional que sus críticas van contra el desarrollo turístico masivo y el modelo extractivo y la manera en la que se ha gestionado hasta ahora, no contra el turismo y los turistas.

Cuestión diferente es el peso específico de alguna de las propuestas que los miembros de esta Red de ciudades defienden, como por ejemplo, la "desturistización" de la economía de la ciudad, o el "decrecimiento turístico", que consideran clave de su acción, pero sobre las que no conocemos el menor desarrollo propositivo para conocer su alcance y así poder pronunciarnos con más criterio sobre las mismas. Ambas pretensiones, formuladas en términos altisonantes, pero sin las concreciones necesarias, pueden facilitar a determinados intérpretes críticos de estos movimientos sociales, su fácil réplica y enérgico rechazo.

Desde la otra orilla de la confrontación de posiciones proturistas o antituristas, se han conocido distintas manifestaciones individuales o asociativas que directamente acusan al turista o a los turistas de los impactos causados en su modo de vida y en su entorno. El turista sería aquí el enemigo.

En efecto, dentro de las reacciones globales frente a los excesos del turismo se incuban percepciones de algunos residentes que empiezan a asociar la actividad turística con especies de ocupantes dañinas y peligrosas para la conservación del hábitat. Esta perspectiva tan simplificadora coloca al turista como destinatario y responsable de estos fenómenos cuando, no pocas veces, es víctima de aquellos.

El lema de la pancarta principal de la concentración que organizó en 2017 la plataforma ciudadana mallorquina "Ciutat per a qui L'Habita" para denunciar los impactos del turismo masivo en la isla decía: "Ciudades para quien la habita, no para quien la visita", un error de manual —en nuestra opinión— y un claro desenfoque o distorsión de los problemas reales.

Como se expresaba en páginas precedentes, las ciudades nacen y son para acoger, para recibir a quienes las visitan, para habitarlas todos, sin exclusiones. Algunos turistas se quejan de que aun tratando de ir con mentalidad "local" y contribuir a sus economías no encuentran muchas veces la necesaria receptividad local. Comentando estos asuntos en el diario Telegraph, la ciudadana Francesca Dixon manifestaba: "Cuando estoy en los cruceros, siempre he tratado de "ir local" para asegurarme de que el dinero vaya a la comunidad local en lugar de a los bolsillos de los cruceros. Sin embargo, parece que no existe un buen turista y que todos somos parte del problema".[73]

Un compendio de estas simplificaciones o enfoques repulsivos sobre el rol de los turistas se puede apreciar con nitidez en esta destartalada crítica de Oscar Broc en la revista Time Out:

Seguro que alguna vez, para ahuyentarlos, has tenido que desplegar los codos como si fueran las cuchillas de la cuadriga de Messala. En Ciutat Vella están causando más estragos que una plaga de peste bubónica. Son durísimos de pelar. Son los guiris empanados. No caminan: reptan. Se plantan en los puntos más conflictivos de la acera y no hay *bulldozer* que los mueva. Embobados. Pastosos. Obligan a los peatones a bajar a la calzada, ponen de mala leche a los barceloneses que tenemos prisa. Y cada vez son más. El asunto es grave. La sobreexposición a esta bacteria tan peligrosa ha derivado en una afección que está poniendo en peligro la salud de la ciudad: el síndrome del turista lento, es una enfermedad coronaria grave que obstruye las arterias de las ciudades-parque temático. El colesterol de Barcelona.[74]

Nos preguntamos, ¿habrá sido turista alguna vez el señor Broc?, seguramente sí, pero esta caricaturización tan pueril ejemplifica una denuncia mal dirigida. Podría utilizar mucho mejor su inteligencia para tratar esta realidad social, esta clase específica de "proletariado de las vacaciones", sin necesidad de elevar a categoría y demonizar al "turista bobo y peligroso". Su esfuerzo no le hace escapar de sus propias sombras, que siempre intentarán encontrar una y otra vez un camino hacia su propia exclusividad. En otro momento de creatividad desbordante de este escritor —autor del libro *Barcelona es una mierda*—, podrían ser objetivo de sus parodias los chinos, los gitanos o los africanos, ya que sus enfoques de estigmatización son estructuralmente similares a los que aplica el racismo, aunque él no lo sepa o no lo quiera.

Es cierto que en el decorado de las ciudades, el turista parece que tiene preasignada una imagen para los demás. Al ofrecer cada ciudadano su imagen, ayuda al otro. Y es que uno debe "interpretar" de nuevo cada día la ciudad para permitir que exista como ciudad.

Peter Handke resumió esta perspectiva a la perfección: como si toda la gente, en cualquier parte del mundo, día tras día, tuviera el cometido de *dar* una imagen, de *ser* una imagen para los demás: la mujer camina ahora como "un ama de casa que va a la compra junto a un charco en el que caen las gotas de lluvia, pasando por delante de una estación de autobuses", y más lejos pasa uno como "el hombre del paraguas".[75]

El profesor de Antropología Urbana de la Universidad de Barcelona Manuel Delgado trataba igualmente con brillantez esta perspectiva en un artículo publicado en 2008: "El inmigrante y el turista solo se parecen entre sí en que son vistos como nuevos en la ciudad, pero ese mismo factor es el que hace a ambos protagonistas potenciales de un mismo imaginario que advierte en el forastero la figura del bárbaro invasor al que hay que mantener aislado y vigilado, al que sería preferible expulsar o restringir la entrada y al que se le niega todo derecho a la complejidad. El problema no es que haya turistas, sino que solo haya turistas".[76]

Una ciudad abierta y contemporánea necesita una saludable diversidad, y por ello necesita una saludable presencia de turistas. Hay otra clase de rechazos al turista más sutiles y más institucionalizados, no siendo por ello menos preocupantes. Nos referimos a esa suerte de invocación, lanzada al universo, recurrentemente, bajo expresiones como la de "no queremos mochileros" o "queremos turistas que gasten más dinero".[77] Creemos que este discurso, reiterativo y bastante expandido, de tintes clasistas, debe ser revisado más pronto que tarde. A esta cuestión le dedicaremos en páginas posteriores más atención.

¿Quién puede descartar que a este tipo de discurso no les sigan otros del tipo, "no queremos turistas que entorpezcan mis vacaciones, mis lugares y mis actividades altamente personalizadas"?, porque, en definitiva, se trataría simplemente de empezar a sustituir el "no son de aquí" por el "no son como nosotros".

Queremos pensar que el transcurso del tiempo y los análisis más sosegados sobre la naturaleza, las causas y las formas de encauzar estos conflictos sociales se impondrán, colocando nuevamente el foco sobre los problemas ciudadanos reales que necesitan atención y propuestas de solución.

Tendremos que debatir más sobre el modelo de ciudad que queremos, y sobre el rendimiento de los modelos de desarrollo turístico implantados y sus externalidades, y hacerlo con menor gestualización, minimizando enfrentamientos y tratando de eliminar el empleo de estereotipos y términos acusatorios.

En fin, como bien señalaba Isaac Rosa, entre el *welcome* incondicional y el *go home* apocalíptico[78], hay amplias avenidas por donde puedan caminar y encontrarse sectores de la ciudadanía con la industria turística y sus administraciones públicas, y abandonar así el *ellos* o *nosotros*. Tengamos en cuenta, en última instancia, que estas posiciones tan definidas de defensores y detractores del turismo tienen su causa en una misma circunstancia: la enorme velocidad a la que se ha desarrollado la industria turística, y la lentitud institucional para prever y canalizar los conflictos de intereses que estaban larvándose.

Parte III
El crecimiento

1.   El turismo de masas. La democratización de los viajes

> "El turismo de masas ya no puede inventar nada más.
> La Iglesia ortodoxa ha creado oraciones para los que
> están expuestos al peligro de la oleada turística."
>
> THEODORE ZELDIN

Los viajes a escala masiva es un fenómeno típico de la segunda mitad del siglo XX y responde a las orientaciones dirigidas a amplios sectores de la población con motivaciones muy similares para consumir el tiempo libre y la visita a lugares deseados. Es la consecuencia de un orden social recreativo al que se incorporan nuevos sectores sociales.

El turismo de masas no es solo el movimiento de grandes números de personas a una velocidad, precio y escala sin precedentes, sino que implica, igualmente, "el consumo complejo de un conjunto de bienes tangibles; su sostenimiento por un enorme número de empleos y el consumo de información, publicidad y experiencias, es decir, implica deseos y cultura, tanto como productos y servicios", como bien expresaron R. Judd y S. Fainstein.[79]

¿Cuáles fueron los principales factores inductores de la democratización de los viajes turísticos?, se han citado muchos y diversos: la mayor disposición de tiempo libre y días festivos de los trabajadores, los avances tecnológicos[80] y la accesibilidad en los medios de transporte, —especialmente con la apertura de los cielos a la aviación civil—, el incremento de las rentas medias en los países occidentales o el incremento del consumismo como forma de vida occidental.

En España, el fenómeno del turismo de masas brota a finales de los cincuenta y comienzos de los sesenta, dentro de un proceso especulativo inmobiliario que comienza a desarrollarse a lo largo de la franja costera del Mediterráneo, principalmente en las provincias catalanas y en las Islas Baleares, con la ocupación por parte de la turoperación extranjera de las grandes parcelas del negocio turístico.

Las imágenes de destinos emblemáticos como Benidorm o el Arenal mallorquín y sus nuevos hoteles, eran símbolos nítidos del éxito de la oferta de ese moderno turismo de masas y del consumo y disfrute del producto de "sol y playa", que estandarizaba las preferencias de la inmensa mayoría de turistas que venían a España y respondía en buena medida a lo que ofrecían los Estados del bienestar europeos a sus trabajadores. Si hubiera que elegir un ejemplo palmario entre los diferentes destinos turísticos mundiales de "ocio socialdemócrata", Benidorm reuniría casi todas las papeletas para hacerse con esa distinción.

El turismo en España se fue desarrollando de una manera pragmática, sin una teoría previa a la que acogerse. El innegable éxito del turismo de sol y playa español fue la capacidad darwinista de adaptarse y responder a la demanda. Los resultados, medidos en términos cuantitativos, no dejan lugar a duda alguna. España ya estaba situándose entre los países más influyentes y destacados del mundo en esta actividad.

En efecto, la evolución del turismo internacional en España, medida en términos de llegadas internacionales, ha sido francamente espectacular: 6 millones de turistas en 1960, y 24 millones al final de esa década. Esto quiere decir que hace casi cincuenta años, España recibía tantos turistas como en 2019 reciben países como la Federación de Rusia o Portugal.

España ya era hace más de medio siglo el escenario vacacional europeo de referencia, consolidando su posición entre los tres o cuatro líderes mundiales, junto a Estados Unidos, Italia y Francia. Podemos añadir otro dato comparativo más reciente sobre esta evolución tan prodigiosa: en 1993, España ya recibía 40 millones de turistas internacionales. Dicha cifra significa que hace 27 años España recibía más turistas que los que recibe hoy por hoy Alemania, y casi tantos como los que en este momento se contabilizan en México.

2.   Hacia una economía de la esperanza

El debate sobre el crecimiento económico y la dirección que debe tomar está cada vez más presente en nuestras sociedades. Para algunos, con un optimismo prometeico en sus saludables capacidades, tanto el uso de los recursos como los beneficios no debieran tener límite alguno; para otros, con el foco puesto en dar una misión a la economía y dilucidar cómo beneficiar al mayor número de personas, se debe encaminar el crecimiento de la manera deseable "para ir creando una economía de la esperanza"[81], es decir, una economía para todas las personas.

Y en este debate también se ha abierto un espacio para defender la perspectiva del decrecimiento. Con la covid-19, el utópico decrecimiento se ha presentado ante nuestros ojos sin avisar, aunque no de la manera ordenada y solidaria con la que sus ideólogos y promotores soñaban. Otra consecuencia de la crisis sanitaria global es que, como señala el Nobel de Economía J. Stiglitz, la covid-19 ha demostrado de forma incuestionable el error fundamental del liberalismo de que los mercados por si solos no pueden manejar crisis de esta naturaleza y por ello estamos acudiendo a los Gobiernos para su solución.

Los límites al crecimiento, sus amplias interrelaciones y sus reacciones globales en muchos países y ciudades desbordan los marcos sectoriales económicos para convertirse en una cuestión que se introduce progresivamente en las agendas de los gobiernos y en la de distintos movimientos sociales.

En términos tendenciales, el capitalismo ha fomentado un rápido crecimiento, ha enriquecido al mundo de modo casi constante y la esperanza de vida actual prácticamente duplica la de, por ejemplo, hace dos siglos[82].

El crecimiento económico, como arma mítica e infalible del liberalismo, con las promesas que encierra, choca cada vez más visiblemente con realidades tan duras como las agresiones ambientales, con la necesidad de conjugar sus promesas con la reducción de desigualdades —que no paran de crecer y polarizan las sociedades—, con la defensa de un sistema fiscal más eficiente, o con el diseño de una adecuada regulación.

Por esas razones, la idea del crecimiento a toda costa, que caracteriza el modelo neoliberal, se está poniendo en entredicho tanto por la comunidad científica, como por los organismos multilaterales y algunos Gobiernos[83].

Estudios diversos demuestran que la clase media occidental es la única que no obtiene beneficios del crecimiento y Thomas Piketty predice que, si se prolongan las tendencias actuales, la clase media mundial verá cómo se reduce su parte del patrimonio[84]. Pese a todo, y como afirma Harari, los verdaderos creyentes en el capitalismo rechazan sus consecuencias indeseables como simples dolores de crecimiento, y prometen que toda irá muy bien con un poco más de crecimiento[85].

En este contexto, nada ni nadie ha detenido el crecimiento global y prácticamente ininterrumpido del turismo en las últimas décadas, con puntuales excepciones, la última reflejada en la caída en el año 2009 como consecuencia de la crisis económico-financiera mundial.

El turismo es uno de los sectores económicos que parece llevar grabado con orgullo en su ADN la etiqueta de su resiliencia y, por consiguiente, de ser un sector pujante y a prueba de recesión y que sabe, como ningún otro, salir de las crisis económicas o sanitarias globales mejor y antes que los demás sectores.

Para superar la crisis del SARS (Síndrome respiratorio agudo grave) de 2003, el turismo mundial necesitó cinco meses para volver al crecimiento; de los ataques terroristas de septiembre de 2011, tardó ocho meses; y de la última crisis económico financiera global de 2008, necesitó diez meses para volver a recuperarse.

Otra prueba de la fortaleza económica de este sector es que las tasas de crecimiento se han mostrado, en muchas ocasiones, superiores a las tasas de crecimiento de la economía mundial. En el caso de España, el turismo fue en la última crisis económico-financiera mundial, un factor determinante en la recuperación del país que, a su vez, fue una de las mayores de la eurozona.

El éxito del turismo internacional, medido en sus cifras de crecimiento constante, parece evidenciar su fiabilidad y escasa vulnerabilidad ante fenómenos de incertidumbre, tensiones en el comercio internacional, inestabilidad, amenaza terrorista, pandemias u otros riesgos que, en general no llegan a impactar negativamente, o lo hacen débilmente y durante menor tiempo del que se podría imaginar.

Este crecimiento que, sin duda, ha traído consecuencias positivas, también ha ido acompañado, y cada vez en más lugares, por preocupantes procesos de masificación en destinos tradicionales y consolidados, y al mismo tiempo, por el efecto de emulación de nuevos destinos turísticos emergentes que tratan de seguir la estela triunfante y el comportamiento de las primeras economías turísticas mundiales.

3. El crecimiento: sellado a fuego en la terminología turística

Quienes hemos dedicado muchos años de nuestra vida profesional a la gestión turística, conocemos bien el amplio juego que ha dado el crecimiento de las variables turísticas a cuantos se han responsabilizado de su gestión en diferentes ámbitos públicos.

El discurso público se ajustó como un guante al crecimiento: "Más es mejor". Esa ha sido la cultura dominante en el turismo español, que no consideraba que hubiera que poner límite alguno al crecimiento, máxime siendo líderes globales ininterrumpidamente en esta actividad. En estas condiciones, los responsables encargados de anunciar periódicamente, y casi en exclusiva, cifras de crecimiento, estrechaban lamentablemente las oportunidades pedagógicas para equilibrar sus mensajes a la ciudadanía, y se guardaban en el cajón, o no alcanzaban a ver, los indudables desequilibrios e impactos negativos que provocaba la actividad, que así permanecían invisibles.

Estos gestores públicos intentaban asociar los buenos datos de la actividad turística al resultado de sus políticas y actuaciones. Pareciera como si por el efecto automático de llevar a cabo determinadas campañas promocionales, o actuaciones de *marketing*, el crecimiento llegara inexorablemente. Y los continuados éxitos, subrayados por una senda de inacabables crecimientos, se comunicaban en un clima de general complacencia y satisfacción de los entornos más próximos a esta industria y ante la general indiferencia de la mayoría de la población, ya acostumbrada a recurrentes noticias sobre "llenos" y "récords" en llegadas de turistas y en porcentajes de ocupación en los establecimientos de alojamiento.

Gráfico 3: Evolución del turismo internacional en España (siglo XXI). Llegadas de turistas internacionales

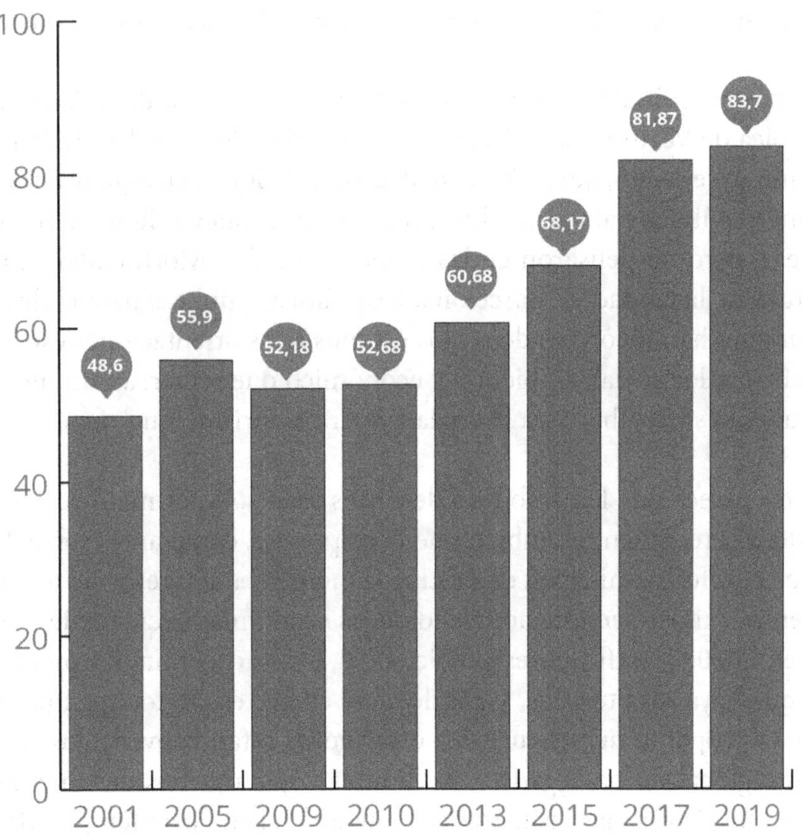

Fuente: Elaboración propia a partir de datos de Turespaña y OMT.

El formidable crecimiento turístico español define una parte relevante del crecimiento económico y del empleo en el conjunto del país. Y reiteramos que uno de los objetivos turísticos clave de Gobiernos y órganos de gestión de destinos, ha sido siempre el del crecimiento de la actividad, conectado a sus positivos efectos económicos: "Más personas, más dinero, más beneficio para todos".

En coherencia con estas prioridades, Gobiernos y entes de gestión turística en todo el mundo han venido dedicando buena parte de sus presupuestos turísticos a la activa promoción del turismo y a estimular la llegada de nuevos visitantes con todo un arsenal de instrumentos orientados a esa misión.

Existen otras miradas sobre estas cuestiones. Daniel Pardo, miembro de la Asamblea de Vecinos para el Turismo Sostenible de la ciudad de Barcelona, sostenía, al respecto, que: "Durante décadas, el Gobierno aquí usó toneladas de dinero público para atraer líneas de cruceros, nuevos hoteles, nuevas aerolíneas, pero no pensaron en las repercusiones"[86]. Afortunadamente para el futuro de la ciudad de Barcelona, las políticas públicas para el desarrollo del turismo han incorporado en los últimos años orientaciones estratégicas de mayor valor social, ambiental y económico que refuerzan un modelo de crecimiento sostenible para la ciudad y para el turismo que viene.

Pero no parece que los enfoques descritos sean solo un mero recuerdo del pasado. El crecimiento también puede responder, como antes señalábamos, a un cierto efecto imitación de destinos emergentes con respecto al comportamiento "exitoso" en esta actividad de las economías occidentales. Todavía hoy, en 2020, planificadores públicos del turismo continúan presionando para que haya más turistas, y alardean de ello. Y es cierto, igualmente, que desde la propia industria turística otras voces están convencidas de que el turismo global no ha llegado a sus límites y que muchos destinos estarían encantados de ver más visitantes durante todo el año o en temporada baja.

4.   Comienzan a modularse las virtudes del crecimiento

En los últimos años el panorama sobre el crecimiento turístico dista de ser tan uniforme y pacífico. Ya se perciben mejor otras perspectivas, tanto en el sector profesional, como en la academia, los movimientos sociales o en la propia ciudadanía, que no muestran tanta algarabía ni motivo de celebración por el mero crecimiento cuantitativo de turistas. Expresiones diversas que cuestionan desde el significado y el método de la medición de esta actividad hasta plantear que es el momento de introducir y abordar cuestiones como la del decrecimiento, lo que implicaría la defensa paralela de principios y valores muy diferentes de los hoy imperantes[87].

Como ya hemos señalado, el crecimiento del turismo ha venido acompañado también por fenómenos de masificación de los flujos turísticos y de concentración de visitantes en los principales destinos. Es indudable que la senda de crecimientos de los últimos años era difícilmente sostenible en el futuro. Nótese la velocidad con la que hemos pasado de 52,2 millones a casi 84 millones de visitas de extranjeros en solo una década.

El empresario balear G. Escarrer manifestaba ante el presidente del Gobierno de España, en FITUR 2020, que "el reto es volver a crecer por encima del resto de sectores productivos e incrementar la aportación del turismo al PIB"[88]. Por su parte, el presidente del *lobby* hotelero Exceltur, en una entrevista en 2018, expresaba su opinión sobre esta cuestión: "Lo ideal es el crecimiento en valor económico y redistribución entre la sociedad, en más y mejor empleo generado. No hay que obsesionarse con el crecimiento de la afluencia como medida del éxito. La obsesión del crecimiento por el crecimiento, a cualquier precio, no es sostenible"[89].

Como en la Parte X de este libro tendremos la oportunidad de analizar, los objetivos principales de las administraciones turísticas en relación al turismo empiezan a mover su tradicional foco de manera significativa. Pero las posturas antes recogidas vienen a subrayar cambios en el estado de opinión de una pluralidad de partes involucradas y, con ello, también a ampliar el debate sobre la conveniencia y calidad del crecimiento y la necesidad de revisar el modelo de desarrollo turístico dominante; grandes y complejas cuestiones que comprometen nuestro futuro y sobre las que existen diferentes perspectivas y posibles soluciones.

Las proyecciones que se efectuaban antes de la crisis de la covid-19 sobre el futuro del crecimiento a corto y medio plazo —en España la próxima barrera cuantitativa a superar sería alcanzar los cien millones de turistas internacionales dentro de muy pocos años—, son una invitación a reflexionar con seriedad sobre la sostenibilidad de este ritmo indefinido de crecimiento. Entre otras consideraciones, porque podría empezar a socavar las mismas bases de lo que hasta ahora hemos entendido por turismo y los mínimos requerimientos que esta actividad debiera ofrecer.

5. ¿Qué significa *crecer mejor?* Facilitar la mejor comprensión de los fenómenos

El turismo es una de las fuerzas motrices del crecimiento económico mundial. Desde esa realidad, la OMT se involucra directamente con los Objetivos de Desarrollo Sostenible (ODS) de Naciones Unidas, y con su objetivo número 8 que establece: "Promover el crecimiento económico sostenido, inclusivo y sostenible".

La OMT se pronuncia habitualmente sobre el crecimiento, y lo hace comunicando regularmente datos de crecimiento económico, gasto turístico y llegadas internacionales a nivel mundial, obviando otros indicadores sociales y ambientales que pudieran reflejar más ampliamente la compleja realidad turística global, con sus evidentes impactos negativos en las economías y ecosistemas locales.

Decía al respecto Taleb Rifai ex secretario general de dicha organización, que "el crecimiento no es el enemigo, las cifras no son el enemigo, la clave está en gestionar el crecimiento de una manera sostenible, responsable e inteligente, y en utilizar el poder del crecimiento a nuestro favor"[90]. Y, en la actualidad, este mensaje de que se trata no solo de crecer, sino de crecer mejor, sigue dando continuidad a la comunicación de esta organización internacional.

El ejercicio de una buena gestión parece, a estas alturas, tan correcto y necesario como insuficiente. En nuestra opinión, una institución global de tanta relevancia debe ofrecer respuestas y directrices generales más claras y detalladas a los agentes turísticos, ante la pluralidad de retos globales que conforman la agenda del turismo mundial en la actualidad.

He tenido el enorme privilegio de colaborar con la Organización Mundial del Turismo durante cuatro años en los que tuve la oportunidad de dirigir la Secretaría de sus Miembros Afiliados, un área que aglutina a más de 400 agentes y entidades turísticas del sector turístico mundial. Fue, sin duda, un periodo intenso, lleno de retos profesionales y de aprendizaje, durante el cual conocí en primera línea las posibilidades y las dificultades de estas organizaciones para ser más relevantes en el escenario turístico mundial. Taleb Rifai condujo con maestría a esta organización, muy limitada en sus medios y recursos, y guardo el mejor recuerdo personal y profesional del ex secretario general.

Hoy, especialmente tras la grave coyuntura de la covid-19, todas las organizaciones turísticas tienen que mirarse honestamente en el espejo que proyectan sus mensajes. El discurso retórico, y la ambigüedad de los términos que se emplean, impide conocer planes, criterios y políticas que conducen al invocado "mejor crecimiento", así como las causas, mecanismos, actuaciones y conflictos de intereses que crean situaciones de hábitats degradados por la actividad turística, o de centros históricos de ciudades turísticas reconvertidos en oasis desprovistos de la necesaria vida social e identidad local. En suma, se debiera facilitar la auténtica comprensión de estos fenómenos. Y aquí todas las organizaciones, incluida la OMT, están interpeladas.

Dice acertadamente la profesora de Ciencia Política Máriam Martínez-Bascuñán que, "vivimos en un momento de discursos, pero de pocas narraciones formadas. La ausencia de narrativas que den cuenta de dónde estamos o hacia dónde nos dirigimos explica en buena medida el ritmo acelerado de las transformaciones contemporáneas sin que lleguen a solidificarse en alguna cosa"[91].

Para responder a la pregunta, ¿se puede crecer de manera indefinida?, habría que conocer en profundidad los fundamentos en los que se apoya el "crecimiento turístico sostenible". Uno de ellas es la "teoría del multiplicador turístico", una premisa que, como bien se argumenta desde la Academia, "se enfrenta con una realidad cada vez más presente: el planeta y sus recursos son finitos y el desarrollo económico tiene límites naturales"[92].

6.   Lo que medimos afecta a lo que hacemos

"Prefiero estar aproximadamente acertado que precisamente equivocado."

JOHN MAYNARD KEYNES

Cuando se define y mide el crecimiento se hace, no solo desde nuestros ámbitos geográficos, sociales y económicos, sino también desde nuestra respectiva teoría del valor. Las cifras e indicadores económicos pueden utilizarse para determinar y priorizar políticas y para la adopción de medidas, aunque ante las grandes cifras debiéramos ser cautelosos ya que, a menudo, son fuente de equívocos y de artificios sociales. Por ello, lo que medimos afecta a lo que hacemos, y si nuestras mediciones son defectuosas, las decisiones pueden tergiversarse.[93]

Singularmente, el PIB *per cápita* es una herramienta cuya pertinencia hoy está cada vez más cuestionada por sus limitaciones. Mide el progreso económico y el consumo pero, como es conocido, excluye otros factores centrales, como los medioambientales o la calidad de vida. Las estadísticas que empleamos, como señala C. Taibo, solo suelen interesarse por los costos de extracción de los recursos naturales, y en modo alguno por los de reposición.[94]

El economista francés Éloi Laurent incide en similar perspectiva, señalando que el PIB refleja parte, pero no todo lo relacionado con el bienestar económico —por ejemplo, la desigualdad salarial—, o con otros aspectos relativos al bienestar —salud o educación— y nada refleja sobre la sostenibilidad. Por tanto, este autor duda de que su crecimiento traiga consigo prosperidad para la gente ni sostenibilidad para las sociedades, al no haber sido diseñado para alcanzar ninguno de estos dos objetivos. Y concluye, de manera terminante, afirmando que "el crecimiento está efectivamente muerto como horizonte colectivo y es una brújula rota por la política"[95].

El analista Jeremy Smith escribía muy sugerentemente al respecto de esta misma cuestión: "El turismo es probablemente la industria que más se enfoca en cómo pasamos nuestro tiempo 'económicamente improductivo' fuera del trabajo, por lo tanto, el PIB es una medida particularmente inapropiada para el turismo, ya que la mayoría de las medidas cualitativas que definen unas buenas vacaciones no se cuentan. Intentar definir la importancia del turismo destacando su contribución al PIB es perder lo que bien podrían ser sus contribuciones más importantes para el bienestar de nuestras sociedades"[96].

Quizás, una de las lecciones que nos deje la covid-19 sea comenzar a medir las cosas que verdaderamente importan a la ciudadanía. Si el turismo debe cumplir su potencial, el aumento anual en las cifras del tiempo libre de las personas debería ser una de las marcas del éxito social y de nuestra calidad de vida, a añadir a otras como una buena economía de la salud, los recursos naturales o la seguridad de la vivienda, más que el PIB en su actual rígida concepción.

El debate sobre qué métrica debería reemplazar al PIB está en curso. A nivel mundial, el *Genuine Progress Indicator* (GPI), es el método más utilizado para reemplazar al PIB. Este indicador incluye el consumo personal de bienes y servicios como uno de los mayores beneficios, pero lo equilibra con los costos, que pueden incluir factores sociales como la desigualdad de ingresos y factores ambientales como la contaminación del agua y la emisión de gases de efecto invernadero[97].

Nueva Zelanda es ya uno de los primeros países que ha abandonado la doctrina del crecimiento económico a cualquier precio. En 2019 su primera ministra, la laborista Jacinda Ardern, quien está imprimiendo un liderazgo espléndido en su país, presentó los denominados presupuestos del bienestar[98], aunque todavía falta tiempo para evaluar rigurosamente los resultados de estos prometedores cambios.

7. Factores desencadenantes del crecimiento turístico

Antes de la pandemia, se esperaba desde el Banco Mundial que el crecimiento de la economía en el mundo se recuperase en 2020 hasta ubicarse en un 2,5 %, un valor ligeramente superior al 2,4 % registrado el año pasado, el más bajo desde la crisis, en un contexto de merma del comercio y la inversión.

El turismo internacional en 2019 seguía adelantando a la economía mundial. El crecimiento de las llegadas internacionales en el mundo se situó en un 4 %, alcanzándose la cifra anual de 1.500 millones de llegadas internacionales. En la mera hipótesis de que todos esos viajeros hubieran hecho un solo viaje al extranjero durante sus vacaciones, esto significaría que casi 20 de cada 100 ciudadanos del planeta viajaron el pasado año a algún destino alejado de su país.

Desde 1990, cada década posterior ha supuesto un incremento en esta variable en torno al 10 %, y desde 2010 se asistía —como ya se ha señalado— a una senda de crecimientos anuales ininterrumpidos, cortada fatalmente en seco en 2020.

Las causas de estos formidables aumentos y de que viajen más personas, y más a menudo, son múltiples y están transformando la industria de los viajes. Para la OMT este crecimiento estaría impulsado por una economía mundial relativamente fuerte, una creciente clase media en las economías emergentes, avances tecnológicos, nuevos modelos de negocio, unos costos de viaje asequibles y la simplificación del régimen de visados.[99]

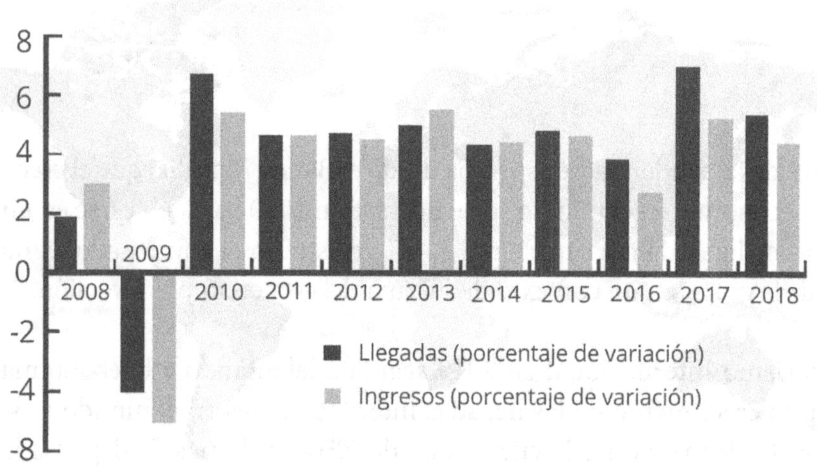

Fuente: Elaboración propia a partir de datos de la OMT.

7.1 El creciente ascenso de las clases medias

El crecimiento tiene causa principal, en efecto, en una nueva explosión de la demanda turística por el incremento de las rentas disponibles como consecuencia de la prosperidad de las clases medias mundiales, principalmente en Asia, con China y la India a la cabeza, que produce, a su vez, que se incorporen turistas que hacen sus primeros viajes. En menos de dos décadas, China ha crecido desde unas modestas cifras de viajeros al exterior, hasta convertirse en el mercado emisor más poderoso del mundo, superando a los Estados Unidos.

A finales de 2018 se traspasó una línea significativa: 3.600 millones de personas pueden ser incluidas dentro de hogares de clase media o ricos, es decir, casi la mitad de la población mundial[100]. Además, la OCDE proyecta que, en 2030, China e India albergarán aproximadamente dos terceras partes de la clase media mundial.

El análisis de las tasas de crecimiento turístico conocidas en muchos destinos en los últimos años acredita que el auge del turismo en el siglo XXI se debe fundamentalmente al impulso de regiones como Asia y el Pacífico, América del Sur y África. Ejemplos tan espectaculares como los de Camboya, Turquía, Islandia, Vietnam, Perú o Sudáfrica, así lo acreditan.

En el otro extremo, solamente hay tres países que han registrado caídas en la llegada de turistas internacionales en el periodo 1990-2019: Hungría, Suiza y Rumanía[101].

Allá donde las clases medias afloran, y con el incremento de su poder adquisitivo, el ocio continua con su proceso democratizador y el sistema induce a estos ciudadanos a realizar consumos turísticos. Estas emergentes clases medias quieren, por tanto, continuar los procesos ya establecidos globalmente en los consumos de ocio y visitar, en consecuencia, los mismos lugares que han seducido durante décadas a millones de occidentales.

Pero los incrementos turísticos no se reducen, pese a su magnitud, a las cifras del movimiento turístico internacional, sino que igualmente llegan al turismo doméstico, es decir, a las visitas dentro de un país realizadas por visitantes que son residentes de ese país. El turismo doméstico es el motor clave del sector turístico a nivel mundial, y representaba en torno al 73 % del gasto total de viajes y turismo en 2017. Su proyección a 2030 es sencillamente brutal: 15,6 billones de turistas domésticos se contabilizarán previsiblemente en dicha fecha en el mundo.

7.2 El factor de la seguridad y la paz mundiales

Otro factor nada desdeñable para explicar el crecimiento turístico puede situarse en la mejoría en las condiciones de la seguridad y la paz en el mundo. El Instituto de Economía y Paz clasifica a 163 Estados y territorios independientes, por su nivel de paz. Los resultados de su instrumento de medición el Índice de Paz Global (GPI) muestran que el nivel medio de tranquilidad mundial ha mejorado muy ligeramente, y es la primera vez que dicho índice ha mejorado en cinco años[102].

7.3 La innovación y el desarrollo digital

Otro de los factores que explican el crecimiento ha sido el buen hacer y la capacidad de innovar demostrada por los proveedores turísticos, que ha coadyuvado a esta buena hoja de resultados del turismo global. El desarrollo de servicios digitales, tanto en la distribución y las reservas de viajes como para el acceso de los viajeros a las redes sociales, ha facilitado la posibilidad de viajar con mejores precios y conseguir una mayor satisfacción en los viajes.

La actual acumulación de tecnología continúa cambiando muchos hábitos humanos, con nuevas formas de comunicación, más efímera, instantánea, visual y creativa. La forma de organizar los viajes en todas sus etapas, desde la de planificación hasta la del postviaje, es un claro ejemplo de las nuevas oportunidades que está brindando el uso de la tecnología en este sector. Una de las grandes disrupciones de las últimas décadas ha sido el teléfono móvil y su popularización. Como no podía ser de otra forma, el turista de hoy ya es digital, viaja con el móvil en la mano y está siempre conectado.

7.4 La mejora de las infraestructuras

Otro factor que podríamos apuntar es que las ciudades atractivas con grandes cifras de visitantes han visto cómo sus infraestructuras ya no estaban a la altura de una demanda de visitantes en crecimiento exponencial. Las previsiones de crecimiento a medio plazo manejadas por los gobiernos han provocado que se acometieran inversiones en proyectos de infraestructuras turísticas, señaladamente en aeropuertos, puertos, ferrocarriles, etcétera, que han posibilitado un crecimiento a veces poco racional en el tamaño de dichas infraestructuras —como, por ejemplo, la producida en el aeropuerto de Heathrow, en Londres—, abriendo el grifo a un turismo masivo con capacidad de desbordamiento en los destinos afectados.

7.5 Las plataformas de alojamiento

Las plataformas tecnológicas de economía compartida en el sector del alojamiento, con la puesta en el mercado mundial de numerosas viviendas turísticas de alquiler por cortos espacios de tiempo, es otro desencadenante del actual crecimiento turístico. Las trataremos, de forma pormenorizada, más adelante en la Parte VII de este libro.

7.6 La accesibilidad como presupuesto básico del crecimiento

Otra de las claves que explican los formidables aumentos de esta industria es la considerable expansión de las aerolíneas de bajo coste en la primera década del 2000, con ofertas y tarifas relativamente baratas e impensables pocos años antes. Lo ilustramos con un par de ejemplos, entre otros muchos posibles: a mediados de la década de 1980, el vuelo de una hora entre Londres y Dublín (Irlanda), costaba aproximadamente 240 euros, cuando en enero de 2020 la tarifa promedio de compañías de bajo coste, como Ryanair, se encontraba en torno a los 30 euros[103]. O, en fin, un vuelo entre Londres —aeropuerto de Stanted— y Düsseldorf (Alemania), podía conseguirse por 10 euros, menos que el gasto diario de muchos londinenses para acudir a su trabajo.

Leíamos hace poco tiempo el expresivo comentario de un lector de *The Telegraph*, sobre este proceso de asequibilidad de los viajes, que apuntaba que a los británicos les cuesta volar menos a algunos destinos europeos que tomar un tren entre ciudades británicas. Y en España disponíamos, antes de la covid-19, de las mismas posibilidades: en la primavera de 2020 se ofrecía poder viajar a Milán (Italia), a Rabat (Marruecos) o a Birmingham (Inglaterra), por 9,99 euros con RyanAir y por 129,9 euros a Nueva York con Norwegian.[104]

Los vuelos de bajo coste han sido potenciados por el hábito de la reducción del periodo de disfrute de vacaciones a una media de siete días, sobre todo en Europa, que ha extendido las escapadas de tres o cuatro días, un par de veces al año. Todo ello ha hecho posible que lugares que se pensaban poco adecuados para atraer visitantes desarrollaran una actividad competitiva y de éxito. Las tarifas baratas ya no eran exclusivas de las compañías de bajo coste y se diferenciaban poco de las tradicionales.

Resulta incuestionable que el abaratamiento general de los medios de transporte, especialmente vuelos y cruceros, e incluso del alojamiento hotelero después de la entrada de nuevos actores en este segmento del negocio, han sido factores de peso a la hora de poder comprender esta formidable senda continuada de crecimiento en la industria global de los viajes y el turismo.

En fin, podrían añadirse otros factores para poder entender un crecimiento turístico tan disparado. Como se observaba en un artículo de *Time*, también el cambio climático estaría desempeñando un papel importante, "ya que las temperaturas más cálidas prolongan las temporadas de verano y abren áreas previamente inaccesibles"[105]. En este sentido, se estarían empezando a romper gradualmente paradigmas asociados al denominado *turismo de sol y playa*, y quizás en un próximo futuro ni la estacionalidad ni el clima sean ya barreras infranqueables para el conjunto del turismo mundial.

Como colofón a este repaso de factores clave que han estimulado este fenómeno tan acusado en la industria de los viajes, podríamos señalar a las redes sociales, medios audiovisuales y a la prensa escrita, cuyos espacios y secciones dedicados a difundir información sobre viajes alcanzan cada vez mayor interés. Los contenidos sobre "listas de deseos", lugares y recursos "recomendados", "imprescindibles", "auténticos", o "los que frecuentan los locales", segmentados desde todos los prismas posibles: "¿Qué hacer", "¿qué visitar?", "¿cómo llegar?", "¿qué evitar?", y así sucesivamente, son incentivos muy atractivos para los viajeros potenciales.

Parece cierto que aún hoy muchos turistas de nuestro tiempo sienten el impulso de hacer viajes soñados y aún pendientes para visitar esos "objetos sagrados" —sean la Torre Eiffel o el Vaticano— y que conforman los circuitos convencionales del turismo urbano. Como el sueño viajero logrado por Goethe hace ochenta años, y que plasmó en aquella popular frase de *Vedi Napoli, poi muori* —"Ver Nápoles y después morir"—.

8. Crecimiento inclusivo para socializar las recompensas

Mientras se van ampliando enfoques y revisando los modelos actuales, nos parece oportuno señalar una simple y clara idea económica que pudiera unir en este tiempo a la mayoría de implicados en ofrecer horizontes de futuro: no se trataría tanto de crecer primero y distribuir después, sino de crecer y distribuir al mismo tiempo.

Un crecimiento inteligente y a largo plazo puede llegar a ser inclusivo si se alinean mejor los riesgos y las recompensas. Y estamos de acuerdo en que la socialización de los riesgos no ha estado acompañada de una socialización de las recompensas. Entendemos también que no es fácil cambiar piezas esenciales del sistema, pero parece absolutamente necesario empezar, al menos, a planteárselo y estar dispuesto a hacer cosas "difíciles".

Hasta una institución como el World Economic Fórum, adalid del neoliberalismo económico, acaba de expresar por boca de su directora gerente Saadia Zahidi, la necesidad de equilibrar la distribución de riesgos y beneficios entre la sociedad, los Gobiernos y el sector privado.

Quizás otras propuestas del estilo de las que defiende, entre otros, el biólogo Ignasi Cubiñá, a modo de tercera vía entre el desarrollismo depredador y las propuestas idealistas no del todo fundamentadas, como el decrecimiento sostenible, se puedan estar pergeñando en torno a la economía circular o de ciclo regenerativo, una de las estrategias de desarrollo preferente adoptadas por la Comisión Europea, ya en 2012. Para Cubiñá, "no se trata de renunciar al progreso, sino de reindustrializar el primer mundo, empezando por

Europa, sobre unas bases nuevas, tecnológicamente eficientes y social e intelectualmente responsables"[106].

De hecho, el Gobierno español acaba de aprobar en junio 2020 la Estrategia Española de Economía Circular para reducir la generación de residuos y mejorar la eficiencia en el uso de recursos. Para promover la reconversión del turismo en España y la introducción del modelo circular, se están proponiendo diversas iniciativas en el documento *España circular 2030*[107].

Pensemos en todo ello, y en el valor de la cooperación frente al individualismo. El carácter finito de los recursos y la necesidad imperiosa de hacer un uso razonable de los mismos debiera unirnos en una tarea común de progreso, justicia y futuro.

Por todo ello, seguimos formulándonos cuestiones como las siguientes: ¿pueden acreditar *per se* las cifras cuantitativas de crecimiento difundidas por gobiernos y organismos internacionales la buena salud del turismo aquí y ahora?; ¿están reflejando dichos indicadores de manera razonable la realidad social, laboral y ambiental de la actividad turística?; ¿sirven hoy para gobernar apropiadamente los enormes y complejos retos del turismo global?; ¿cuándo vamos a implantar y generalizar los necesarios indicadores sociales y ambientales que generen una mejor comprensión de la realidad turística y así poder avanzar con criterios y medidas más sostenibles?

Parte IV
Contribuciones del turismo

1. Ganadores y perdedores

"Es como si la ciudad fuera nuestra otra vez."

Vecino de Ámsterdam, mayo de 2020

En las últimas décadas, las noticias destacadas relacionadas con el turismo en nuestro país han sido constantemente positivas, estructuradas desde una óptica económica y cuantitativa, minimizándose los costes de esta actividad.

Los récords continuos y las expectativas inalterables de bonanza y mejoría parecían no tener límite alguno. Un fenómeno, por otra parte, nada común si tenemos en cuenta las altas probabilidades que tenemos en nuestras sociedades de que la información que nos llegue se polarice sobre sucesos negativos. Pero el turismo parecía un espacio inmune a estas consideraciones, presentado habitualmente de forma amable para ser celebrado como un gran bazar multicolor.

Como ya advertíamos en páginas precedentes, en el turismo está asentado desde hace mucho tiempo el paradigma de que el crecimiento lo cura todo, y que los residentes y las poblaciones locales se benefician del auge de la actividad. Es la teoría de los efectos de "desbordamiento" y "goteo" que, posteriormente no se materializa en el mundo real, ya que la experiencia nos enseña con insistencia que los beneficios del crecimiento no llegan a todos.

Los efectos perniciosos no han estado presentes dentro de un discurso turístico acrítico que, mecánicamente, se centraba en su dimensión de gran contribuyente al progreso socioeconómico, a la creación de empleo y de empresas y al desarrollo de nuevas infraestructuras.

El turismo ha sido citado también con profusión como sector colaborador con las economías de los países en vías de desarrollo y con la mejoría de las vidas de millones de personas, es decir, un sector que contribuye a la reducción de la pobreza. Desde esta misión la actividad ha sido vista, como expresábamos en páginas anteriores, como una especie de bálsamo de fierabrás capaz de resolver mecánicamente problemas sociales y económicos de calado allí dónde se promovían su desarrollo e inversiones. Eran objetivos planetarios tan elevados como el de "erradicar la pobreza" o el de "promover la paz", expresados recurrentemente en múltiples declaraciones y conferencias internacionales a lo largo de los años, aunque nunca se conociera con rigor la medición del impacto real del turismo en el logro de tales objetivos.

El turismo de masas fue un factor esencial en la reconstrucción de la España aislada, pobre y autárquica de postguerra, y las divisas generadas aceleraron la modernización de sus estructuras sociales y mentales[108]. Con esas divisas turísticas, más las aportadas por la inmigración española, se pudo comprar máquina-herramienta y modernizar la industria española de los años sesenta y setenta del siglo pasado[109].

Una estela de bienestar que parece interminable, si atendiéramos al papel prodigioso que ha jugado el turismo en la visión de algunos expertos turísticos[110]. Estos puntos de vista, centrados en la importancia económica del turismo en España y su contribución al empleo, es compartido sociológicamente por buena parte de la población española[111].

Pese a la larga y consolidada trayectoria de España en esta actividad, situada entre los primeros líderes en llegadas e ingresos mundiales por turismo, su proyección no era tan positiva como la que ofrecían otros sectores industriales o comerciales. Aseguraba Mario Gaviria que "el desprecio por la actividad turística formaba parte de nuestra baja autoestima colectiva como pueblo. Algo que España y los españoles han hecho con mucho acierto, algo de lo que se sabe mucho, se le quita importancia, se devalúa, se le hace la vista gorda"[112]. Y tenía mucha razón el gran sociólogo navarro, al destacar el fruto del trabajo de muchos profesionales de este sector capaces de organizar y comercializar servicios múltiples y atractivos en torno a nuestros recursos turísticos.

Ahora recuerdo haber escuchado a Miguel Atutxa —quien fue propietario de la primera cadena hotelera del País Vasco—, en la inauguración del hotel San Sebastián-Aránzazu en los primeros años de la década de los noventa del siglo pasado. Me impresionó cómo trataba de convencer a la audiencia poniendo tanto énfasis en que aquel proyecto hotelero también era "de chimeneas, pero sin humo", tratando de legitimar un proyecto empresarial de servicios turísticos en el tradicional paisaje industrial vasco.

El turismo ha sido, en efecto, percibido en muchos sectores sociales como una actividad "poco seria", articulada sobre una serie de estereotipos que sirvieron para reducir su imagen a la de un mundo de hoteleros, agentes de viajes, azafatas y camareros, prodigado de numerosos encuentros y contactos sociales superficiales, en entornos agradables y con los viajes, las visitas a hoteles, restaurantes y atracciones turísticas como instrumento laboral habitual. Yo mismo fui testigo de esa consideración social por parte de terceros, cuando tuve que suspender temporalmente mi carrera de jurista, como Letrado del Parlamento Vasco, para tomar posesión del cargo público de viceconsejero de Turismo del Gobierno Vasco, a comienzos de los noventa del siglo pasado. Recuerdo que un buen amigo jurista me felicitó comentando con cierta envidia: "Te vas a hartar de aviones y de cócteles". El turismo, en la mente de muchos, seguía siendo un ámbito reducido a viajes y fiestas.

Pero, al margen de constatar esa tradicional falta de reconocimiento social a una actividad tan pionera como puntera en España, y en la que el propio sector turístico en su conjunto debe asumir su cuota de responsabilidad, las percepciones ciudadanas sobre el turismo se han ido moviendo sensiblemente para hacer más visibles otras opiniones más críticas hacia la misma.

En el ámbito comparado, y muy lejos de nuestro entorno, una encuesta de la industria del turismo neozelandés, realizada en otoño de 2017, encontró que el 40 % estaba preocupado porque el turismo en el país estaba ejerciendo demasiada presión sobre Nueva Zelanda, en comparación con el 18 % registrado tan solo dos años antes. En relación a esta cuestión el director ejecutivo de Tourism New Zealand, Simon England-Hall, decía: «La gente olvida que hace diez años la industria y las comunidades de Nueva Zelanda estaban gritando por el crecimiento, y los operadores son conscientes del cambio en el estado de ánimo y de que la mayoría de Nueva Zelanda todavía no se está beneficiando del aumento del turismo»[113].

Debemos recordar que incluso el modelo turístico español que estaba establecido en la transición democrática española a mediados de la década de los setenta y que funcionaba conforme al modelo de precios mínimos y máximo número de clientes, estaba ya claramente afectado de amenazas y problemas en distintos aspectos: el neocolonialismo, el incremento del coste de la vida, los efectos en la urbanización del litoral, o las consecuencias adversas en el modelo laboral[114]. El profesor Krippendorf, manifestaba al respecto hace cuarenta años: "Las preguntas que ahora surgen son si, en el análisis final, hemos ganado algo o perdido algo y cómo se supone que las cosas continuarán a partir de aquí"[115].

No cabe duda que al turismo español le tocaba, antes de la covid-19, lidiar precisamente con los efectos de su propio éxito. Los efectos de la nueva libertad por la que luchamos tanto, ahora nos estaba amenazando con envolvernos.

Como en otras actividades económicas, el turismo genera externalidades, tanto positivas como negativas, y la mayor parte de los impactos pueden ser identificados sin enormes dificultades. Su estudio, y la observación de la propia experiencia viajera, los hace más reconocibles que los producidos por otras industrias. Pero ello no significa afirmar que hoy los conozcamos todos abierta y rigurosamente, puesto que como ya hemos expresado, no han sido objeto de medición, algo esencial para poder comprender los equilibrios entre sus beneficios e impactos negativos.

Desde diversas fuentes se han señalado algunas consecuencias en materia de costes derivados del turismo que citamos seguidamente en el gráfico de la siguiente página[116].

Estos costes potenciales los asumen y pagan, de múltiples formas, los residentes en lugares turistizados, aunque naturalmente no todos sufren de la misma forma los impactos indicados.

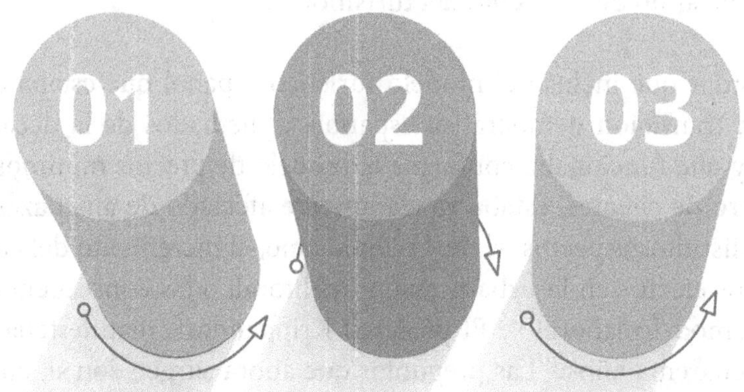

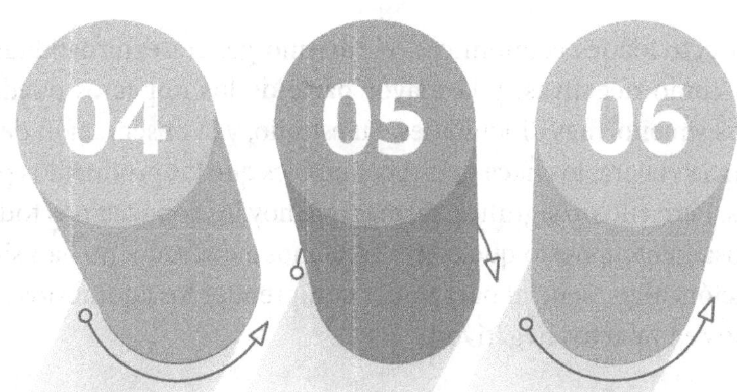

Fuente: Elaboración propia.

Allá donde el turismo se presenta de forma masiva, es más probable observar sus distintas secuelas, como su naturaleza depredadora de recursos comunes naturales y patrimoniales, la vulnerabilidad ante el hacinamiento y la presión turística, o cómo se han avivado las desigualdades preexistentes[117].

Todo ello invita a revisar conceptos, como el de *justicia social*, puesto que todas las cuestiones señaladas afectan naturalmente a una mayor equidad en la distribución de costes y beneficios.

Conocemos que el turismo proporciona significativos beneficios económicos a los destinos a través de su contribución al PIB, atrayendo inversiones en infraestructuras o mediante la provisión de los recursos de una variedad de impuestos. El discurso sobre la riqueza que genera el turismo medida en ingresos económicos se difunde habitualmente con generosidad. A los formuladores de políticas también les gustan sus efectos económicos en los países más pobres, como ya hemos expresado antes, ya que el turismo también atrae a los inversores extranjeros.

La creación de riqueza en el turismo es un proceso colectivo. Implica a muchos agentes, desde los creadores y distribuidores del producto o servicio, a una más amplia comunidad en la que se localizan los recursos e infraestructuras utilizados —humanos, físicos, intangibles—, llegando hasta las administraciones públicas que gestionan el territorio. Uno de los mayores retos, por tanto, es definir y contabilizar la contribución colectiva a la creación de riqueza, de forma que sea más difícil que la extracción de valor pase por creación de valor[118].

Adicionalmente existen conflictos redistributivos entre sectores sociales y "lo que predomina es una escena en la que el control y la gestión, así como el acceso a los beneficios de cada sector económico, corresponde a sectores de población diferentes"[119].

Para dilucidar hacia dónde se dirige el turismo tendríamos que comprender previamente el concepto de su "valor económico". Para ello podríamos seguir la definición que aporta M. Mazzucato[120] que, en esencia, es la producción de bienes y servicios y preguntarnos ¿cómo se producen estos resultados?, ¿cómo se distribuye o comparten en la economía? o ¿qué se hace con las ganancias que genera su producción?, y, con ello, poder conocer si lo que se está creando es útil, es decir, si los productos y servicios que se crean aumentan o disminuyen la resistencia del sistema productivo.

Es inherente a una sociedad democrática la confrontación de ideas sobre cualquier asunto que afecte al desarrollo de la sociedad. El turismo también admite, naturalmente, otras miradas críticas, otros acentos a la hora de debatir sobre el valor que aporta social y económicamente, y sobre si la actividad mejora o no la calidad de vida de los ciudadanos residentes allá donde la actividad se desarrolla intensivamente e, incluso, si esa hipotética mejora de la calidad de vida se produce solo en los primeros años de desarrollo de la actividad.

Creemos que ha quedado demostrado, y así ha sido ratificado por la mejor doctrina, que el turismo es un fenómeno que genera muchos beneficios privados, pero también muchas pérdidas socializadas[121]. Esto obliga, especialmente a las administraciones turísticas, a una profunda reflexión que conduzca a adoptar medidas y actuaciones correctoras.

Estas percepciones alcanzan también, de forma cada vez más visible y extendida, a los sentimientos de ciudadanos de destinos turísticos mundiales que expresan que no se sienten beneficiados por el desarrollo de la actividad turística.

La pandemia del coronavirus está dejando atrás, al menos temporalmente, fenómenos como el sobreturismo. Por esta circunstancia, muchos residentes locales de ciudades con gran presión turística han sentido, después de mucho tiempo, un gran alivio al poder experimentar situaciones cotidianas que parecían olvidadas para siempre, como el silencio, o el poder conversar sentados en una silla con sus vecinos a quienes apenas conocían. Un vecino de Ámsterdam recientemente expresaba estos sentimientos muy gráficamente: "Es como si la ciudad fuera nuestra otra vez"[122]. Lo que hace que una sociedad sea mejor que otra no es tanto su nivel de riqueza como el de igualdad, y las externalidades negativas de la desigualdad son compartidas por el conjunto de la población.

Ocupar posiciones de liderazgo turístico no garantiza mayores cotas de igualdad ni evita que se presenten situaciones de clara regresión en ciudades con una importante economía turística. No hay, por tanto, ecuaciones simples por las que más turistas suponga mejora de la vida de las comunidades locales. Las últimas rentas medias anuales por habitante conocidas de España indican que entre los municipios con menor renta se encontraban algunos municipios turísticos emblemáticos como Torrevieja, Marbella, Puerto de la Cruz, Benidorm, Gandía o Málaga[123].

La Comunidad Autónoma de las Islas Baleares fue el segundo destino turístico español más visitado por el turismo internacional en 2019. Según el Instituto Nacional de Estadística, el 18,1 % de la población residente en Islas Baleares estaba en riesgo de pobreza o exclusión social.

El psicólogo social y diputado autonómico socialista Jaume Garau afirmaba en 2017: "Aquí, las rentas y salarios han ido decreciendo a medida que aumentaba el turismo. Año tras año, el margen de beneficio ha ido cayendo y los costes no tienen compensaciones suficientes. Vamos al colapso de las infraestructuras de los servicios públicos: sanidad, limpieza, depuración de agua, tráfico, contaminación"[124]. Según Garau, los ganadores serían las grandes compañías hoteleras con capacidad económica a escala, los hoteles urbanos de lujo, las grandes compañías de distribución y las navieras.

Otros sectores beneficiados del crecimiento turístico han sido la intermediación inmobiliaria, las transmisiones y los procesos especulativos, o los afortunados propietarios de viviendas y apartamentos en determinados destinos turísticos, gracias al alquiler para uso turístico del que obtienen rendimientos sustanciales de su patrimonio.

En Francia, país líder mundial en la actividad turística, y donde la redistribución es fuerte, se estimaba el número de pobres entre 5 y 8,9 millones de personas[125]. En Estados Unidos, otro de los grandes actores globales del turismo, cerca de 50 millones de personas sobreviven gracias a los cupones alimentarios.

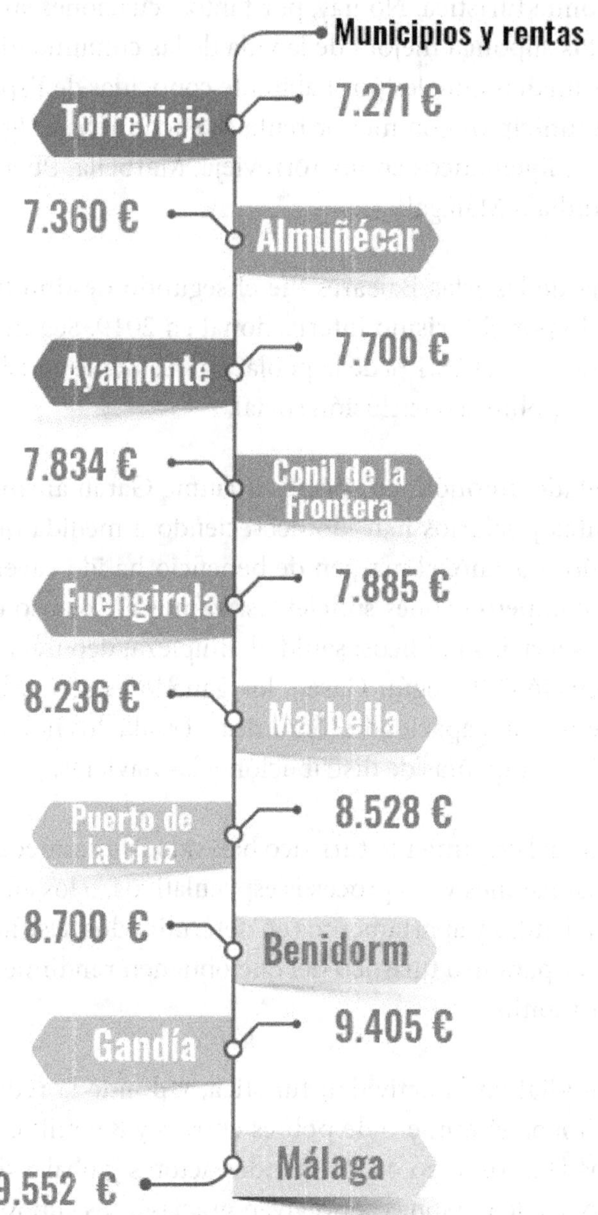

Fuente: Elaboración propia a partir de datos del INE. Indicadores urbanos. Edición 2019. AUF: área urbana funcional.

Para el sociólogo francés Christophe Guilluy, si bien es cierto que los ricos y las categorías superiores consumen mucho, en realidad favorecen la creación de puestos de trabajo poco cualificados y dinamizan la economía de algunas —pocas— zonas turísticas, hecho positivo, pero limitado solo a algunos territorios[126].

No resulta sencillo averiguar los beneficios reales en empleo y renta generados por el turismo. La ausencia de suficiente control y regulación en muchos de los aspectos hasta ahora señalados —por ejemplo, en vivienda—, puede ser uno de los obstáculos para que parte de la riqueza adicional del turismo se distribuya más equitativamente y con mejor tratamiento fiscal.

Hace dos décadas Dennis R. Judd y Susan S. Fainstein señalaron con claridad que la tarea que quedaba pendiente en el turismo era "esparcir las condiciones bajo las cuales sus efectos económicos pueden ser más beneficiosos y sus tendencias de homogeneización y marginalización pueden ser mantenidas bajo control"[127]. Hoy podemos decir que, después de veinte años, la tarea sigue pendiente.

Si la economía no proporciona mejores vidas a las personas que las hagan más felices, carece de sentido, ya que el objetivo sería lograr que nadie quede atrás. Por ello, nos preguntamos: ¿quiénes ganan y quiénes pierden con el turismo?, ¿cuáles son sus efectos positivos para las poblaciones y ciudadanos afectados?, ¿cómo se extienden o redistribuyen los beneficios que genera el turismo hacia las comunidades y los ciudadanos?, o ¿sería factible establecer protocolos de retorno social de los beneficios económicos que genera el turismo?

2. El *specchio* de Viganella. Una historia verdadera

Cuando hablamos sobre las contribuciones del turismo, hoy gastamos muchas energías y consumimos demasiado tiempo en la visión economicista o tecnológica de este fenómeno. No existen, lamentablemente, muchos espacios y oportunidades para traer a nuestros debates la enorme capacidad que tiene esta actividad, cuando se atreve a salir de sus actuales programaciones y funciones convencionales, para alumbrar avenidas inesperadas, nuevas emociones y demostrar que la solidaridad es también un formidable aliado del turismo para hacer felices a las personas. Y nos preguntamos: ¿pero no era precisamente la felicidad de las personas uno de los grandes objetivos señalados para el turismo?

Aquí deseo contarles una historia. Una historia verdadera. Todo empezó en el aire. Volaba hacia Londres en la primavera de 2006. Lo recuerdo ahora muy bien. Ojeaba un periódico justo antes de que me invadiera esa somnolencia que tan bien propician los aviones. Reparé mi atención en una pequeña columna que relataba la historia de un alcalde de un pueblecito italiano que pretendía instalar un gran espejo en el pico de una montaña cercana a su pueblo con el objetivo de llevar la luz a sus habitantes durante la larga umbría del invierno, cuando resultaba imposible que el sol, tapado por las altas montañas, se asomase a la plaza y a sus calles. No imaginaba en aquel momento que ese pueblo, Viganella, su alcalde, Pier Franco Midali, y toda la mágica historia construida alrededor de ese espejo, poco tiempo después se convertiría en algo que perduraría hondamente en mi memoria.

Cuando regresé a casa (en aquel tiempo trabajaba como Gerente del Patronato de Turismo, en Huelva, una provincia de Andalucía), pensé en contactar con Viganella y con su alcalde. Pier Franco estaba teniendo problemas a la hora de instalar el espejo y yo estaba dando vueltas a la forma de poder colaborar en su maravilloso proyecto. Me ayudó mucho en el intento de acercamiento Carlos Hernández, entonces director de la Oficina de Turismo de España en Milán. Recuerdo la enorme sorpresa del Alcalde ante mi llamada telefónica y, casi sin tiempo para digerir mi propuesta de colaboración, aceptó entusiasmado la oferta.

En aquellos momentos, habíamos establecido una nueva marca para el destino que estaba dirigiendo: "HUELVA, la Luz", que reivindicaba la fuerza y la belleza de ese elemento natural para propiciar una grata experiencia en este privilegiado rincón de España. Y en ese mismo tiempo, llevar la luz a Viganella era el objetivo titánico, romántico y maravilloso del alcalde de esa pequeña aldea del Piamonte italiano muy próxima a la frontera suiza.

La luz, en definitiva, era el hilo conductor que, a través del turismo, nos unía en la larga distancia para caminar juntos e intentar hacer posible un sueño compartido.

Ahora sé muy bien que los sueños pueden cumplirse y, de hecho, se cumplen. Lo vi muy claro cuando visité por vez primera el bellísimo valle de Antrona, entonces cubierto de nieve, y hablé con Pier Franco y con los vecinos de Viganella. En ese momento, ya sabíamos todos que íbamos a hacer posible un proyecto noble que devolvía ilusión y alegría al pueblo y al valle.

Siempre he creído en las personas con pasión, con determinación, con valores. Hoy, cuando tenemos que soportar casos poco edificantes de ciertos representantes públicos alejados del objetivo de trabajar con honestidad por el interés general y por los vecinos a quienes representan, el gesto noble de Pier Franco Midali y su mirada limpia y clara resplandece como un gran ejemplo para todos nosotros. Estas son las aparentes "pequeñas cosas" que engrandecen los espíritus y nos unen verdaderamente, por encima de barreras geográficas, ideológicas o idiomáticas.

En las sociedades actuales, tan complejas, donde los ciudadanos están reclamando otra forma de representación, más directa, más democrática, más participativa y más imaginativa, el proyecto cumplido de Viganella alcanzaba su más pleno sentido.

Y la historia que encierra este sueño llegó a su culminación. Todo sucedió el domingo 18 de diciembre de 2006. La mañana se presentaba muy fría, y el azul intenso de sus cielos acogía un sol espléndido que brillaba, muy alto y con fuerza, junto a los picos de las montañas. Y fue entonces cuando empezó el "Encuentro de la Luz" entre Huelva y Viganella. Y yo tuve la suerte de estar allí. Y justo después de que los himnos nacionales sonaran, fue cuando Alba, una niña de la sierra de Aracena en Huelva, que había ganado el concurso de dibujo que habíamos organizado previamente, accionó el dispositivo informático de puesta en funcionamiento del espejo situado en la montaña.

Observé entonces cómo la plaza, siempre en sombra, aparecía como si alguien hubiera encendido la iluminación nocturna. Fue entonces cuando la música popular estalló, cuando la alegría del flamenco andaluz empezó a inundar el aire del valle y la fiesta a fluir por las calles de Viganella, cuando niños y mayores sonreían y expresaban felicidad por ser protagonistas de esta incomparable historia que estaba proyectando a su pueblo a todo el mundo. Entonces tuve la íntima convicción de que simplemente habíamos cumplido con nuestro deber.

Cuando los numerosos medios internacionales llegados desde distintos continentes registraban aquel hecho insólito y llevaban las marcas de Viganella y de Huelva por todo el mundo, y nos preguntaban, a Pier Franco o a mí, cómo se había gestado esta experiencia, tratábamos de explicarlo con palabras que no podían ocultar nuestra indudable emoción.

Coincidimos los dos en que el turismo había sido el nexo de unión en este proyecto. Un turismo de las personas y para las personas, asentado en valores, en la solidaridad entre pueblos diferentes y distantes, y que tanto nos había unido.

Es la misma emoción que hoy siento al escribir estas líneas y recordar la hermosísima villa de Viganella, al recordar a sus gentes e imaginar esa luz que desde la altura de la montaña rebota en silencio en la plaza del pueblo en un frío día cualquiera del invierno para dar algo de luz a algún anciano sentado en un banco, al recordar especialmente a Pier Franco, un Alcalde con valor y con valores. Para mí, esto fue y sigue siendo *turismo* con mayúsculas.

Parte V
El sobreturismo

1.   De la atracción a la absoluta indiferencia

Hay dos conceptos que, pese a su aparente cercanía, tienen significados diferentes: *turismo de masas* y *sobreturismo*. El tránsito del fenómeno del turismo de masas hacia un turismo "excesivo" o "masivo", puede explicarse a partir del proceso de globalización, que ha justificado el nuevo término acuñado en el último lustro como *sobreturismo*.

Los fenómenos de congestión, masificación o saturación producida por una fuerte presión turística no constituyen un proceso novedoso, aunque es cierto que han alcanzado mayor notoriedad y preocupación en el último lustro.

En España, el Comité Turístico creado en 1963 para ejecutar el Plan para el Desarrollo Económico y Social tenía el objetivo principal de ampliar la capacidad receptiva "para reducir la aparición o el aumento de la gravedad de los fenómenos de congestión típicos de las zonas más favorecidas por las preferencias turísticas"[128]. En esa época se enfrentaba el desequilibrio entre oferta y demanda aumentando automáticamente la oferta de alojamiento. Esta era la respuesta natural.

No debemos dejar de señalar que términos como *saturación* y *agobio*, ya se utilizaban en la Ley 197/1963 de Centros y Zonas de Interés Turístico Nacional, una norma que intentaba ordenar el rápido y preocupante incremento de la actividad turística. Al menos, desde el diagnóstico oficial, estos impactos fueron reconocidos, aunque en realidad no se arbitraron medidas o actuaciones para su contención. Comparto la afirmación de que los objetos y las cosas en nuestros recuerdos eran probablemente peores de lo que aparentan. La memoria almacena experiencias y estas son vivencias que dependen del modo de relatarlas.

En el mundo del turismo es muy habitual leer o escuchar relatos de personas que rememoran tiempos pasados vividos felizmente, en los que la experiencia turística era todo equilibrio, calma y tranquilidad, en contraposición a la que hoy perciben esas mismas personas sobre los mismos lugares tras el paso del tiempo, donde se destacan comparativamente las huellas negativas de degradación, masificación y pérdida de calidad de la experiencia viajera.

Así leo uno de tantos relatos sobre rememoranzas: "El mundo ha cambiado tanto que un viejo como yo se asombra al pasar en su ciudad por lugares turísticos, y ver interminables colas donde antes había soledad y abandono. En mi infancia jugaba a las bolas con los amigos en el Patio de los Naranjos de Sevilla y hoy es un lugar turístico sagrado que da más dinero a la «ciudad» que un Banco. Lo que parecía natural se ha hecho sobrenatural, la vida es irreconocible"[129].

O este otro comentario, realmente demoledor, escrito por Alan White, un viajero británico con larga experiencia, en el que desgrana la deriva que lleva el turismo de nuestros días:

A mediados de los años sesenta, trabajaba en unas oficinas del centro de Londres, Oxford Street, Piccadilly, y empecé a notar que me irritaba por el número de turistas estadounidenses en el extremo oeste. Los números eran una fracción de lo que son ahora, por supuesto. En los años setenta, con más ingresos disponibles, pude aventurarme más lejos: Lisboa, Roma, etcétera. Trabajé en Florencia en los años setenta y presencié esa hermosa ciudad luchando desesperadamente para conservar algo de su historia cultural. En los años ochenta, viví en Australia y presencié de primera mano la destrucción absoluta de lugares cercanos como Bali y Koh Samui. Los australianos invadieron por completo esas idílicas islas y, a principios de los noventa, no fue muy divertido ir allí por más tiempo. Ahora que vivo en Bélgica, viajo con frecuencia a Ámsterdam por motivos de negocios y hay que experimentar la muchedumbre y la invasión de personas desde la estación central hasta la plaza Dam. Tienes que vivirlo para poder creerlo, las borracheras y el espantoso comportamiento de la multitud de despedidas de soltero en fin de semana. Ahora han destruido completamente lo que una vez fue una hermosa ciudad cultural. Bruselas, Gante o Brujas están igualmente llenas de turistas maleducados. Mi esposa y yo decidimos hace cinco años que nunca volveríamos a viajar a Nueva York, que con el paso de los años se había convertido en una de nuestras ciudades favoritas, con hermosos lugares de música, museos, etcétera. Ahora es una pesadilla, otra vez lleno de turistas. Así que, para mí, ver el colapso de la industria del turismo es una evidencia de los proveedores que obtienen así los frutos que se merecen. Lo que podría haber sido agradable ahora ha descendido a la absoluta indiferencia.[130]

A mediados de los años setenta del pasado siglo, la isla de Mallorca, contaba con una población estable de 380.000 habitantes, y albergaba a más de dos millones de turistas todos los años. Los telesillas suizos podían acomodar a 260.000 personas por hora. El centro espacial Kennedy tenía un promedio de 152.000 visitantes por mes en 1969. En 1968, Yosemite albergó a 1.100.000 campistas pernoctando. Por ello, Mac Cannell afirmaba que estos datos eran "un signo de que la estructura social moderna, a través de la institucionalización del turismo, se adaptaba naturalmente al problema de la "sobrepoblación"[131].

También desde la academia, ya en la década de los sesenta del pasado siglo, se comenzó a introducir el debate sobre las concentraciones excesivas de turismo y sus efectos, que desembocó décadas después en la idea de introducir límites en el número de turistas que podían visitar un recurso o lugar al mismo tiempo sin graves consecuencias negativas, creándose herramientas como la de la capacidad de carga turística[132].

Han pasado muchos años, y en algunos países están intentando responder a la pregunta de cuál es su capacidad responsable de acogida de visitantes, mediante sistemas de indicadores que, una vez analizados, puedan suministrar información cualitativa para la planificación turística. Pero estos sistemas no están extendidos y no parece que ofrezcan mucha utilidad a los destinos por la escasa evidencia científica de las medidas de limitación. Quizás, en los espacios naturales o en pequeñas islas, pudiera tener más sentido la aplicación de estas herramientas.

En realidad, la cultura turística dominante no ha considerado pertinente el establecimiento de límites a la principal industria española, y aunque no hayamos tenido hasta ahora un problema de demanda turística, sí se ha visto mucho más de cerca la sombra afilada del sobreturismo.

El crecimiento en el número de personas que viajan y exploran el mundo es incesante, y en algunos lugares desequilibrante. El fenómeno ha sido bautizado recientemente con el término *turistización* (aunque otros hablan de *turistificación*).

Nunca, como hasta inicios de 2020, había habido un movimiento de turistas en el mundo de tanta envergadura, con su epicentro en Europa, ya que este continente recibe el 51 % de todas las llegadas internacionales anuales.

El término *sobreturismo* no describe específicamente un fenómeno singular ni sectorial, sino que, más bien, integra en el mismo un conjunto de fenómenos que convergen y se interrelacionan. Quizás por ello, hoy el debate supera el estricto ámbito sectorial para alcanzar una perspectiva transversal que se proyecta sobre dimensiones sociales, culturales, económicas o ambientales. Y, además, trasciende el ámbito del turismo urbano para inscribirse entre los retos actuales y modelos de desarrollo de las propias ciudades en todo el mundo.

Por otra parte, la mancha de la congestión o del exceso de turismo, no se reduce a las atractivas y grandes ciudades occidentales, y a sus centros históricos o recursos artísticos o culturales más emblemáticos, sino que llega a determinados parques y espacios naturales y rurales —donde la insatisfacción y malestar psicológico se acrecienta con la congestión—, a islas, a pueblos con encanto, a estaciones de ferrocarril y aeropuertos, a estaciones de esquí o a las soleadas playas del sur de Europa. Prueba de que estamos ante un fenómeno expansivo es que ya se están conociendo fenómenos desconocidos de congestión y multitudes en lugares como, por ejemplo, en Sylt o Rügen, a lo largo de los mares del Norte y Báltico en Alemania.

También es diversa la afectación de la congestión, tanto por países, como por lugares o por temporadas o estaciones. Pero la combinación de un espacio atractivo de interés turístico con una temporada alta es la antesala inevitable de episodios de congestión.

Los espacios físicos, las calles y centros históricos, y el puñado de lugares en los cuales los turistas se concentran para tomar sus fotografías, es el mismo, no son espacios elásticos ni diseñados para recibir concentraciones altas de personas. Los milagros no existen, aunque el geógrafo del turismo, Jim Butcher, se empeñe en mantener que los problemas del turismo excesivo están superados, argumentando que "los cuellos de botella, y los problemas de capacidad son problemas superables que deben verse en el contexto de un gran progreso"[133].

2.   ¿Qué significa *sobreturismo*?

No existe una definición acabada y pacífica sobre el mismo. La OMT define este fenómeno como "el impacto del turismo en un destino, o partes de él, que influye excesivamente en la calidad de vida percibida de sus ciudadanos o en la calidad de las experiencias de los visitantes de manera negativa"[134].

Se cree que una de las primeras veces que aparece registrado el término *overtourism* fue en el libro de Jost Krippendorf: *The Holiday Makers: Understanding the Impact of Leisure and Travel*, de 1987, obra altamente recomendable. Según el diccionario *Collins*, el término *overtourism* —en España, Fundéu-BBVA propone utilizar mejor el término *sobreturismo*[135]— es el fenómeno de un destino popular invadido por los turistas de una manera insostenible. *Over*, como prefijo, indicaría aquí "exceso". El término todavía no ha entrado formalmente en los citados diccionarios *Collins* o en el *Oxford*.

Para la experta turística Salli Felton, el *sobreturismo* es el efecto acumulativo de nuestras acciones combinadas, y significa que hay demasiado turismo en un área pequeña[136]; para el profesor Harold Goodwin es lo opuesto al *turismo responsable*, que consiste en utilizar el turismo para hacer mejores lugares para vivir y mejores lugares para visitar.

En nuestra opinión, debiéramos atender a la simultaneidad espacial y temporal de los impactos turísticos y reconocer que la distribución descompensada de turistas debida a la sobreexplotación de los recursos provoca saturación y congestión, consecuencias que la política turística ya no puede eludir.

Intentando avanzar nuestra definición del *sobreturismo* la formulamos en los términos en los que aparece en el gráfico.

Gráfico 7: Definición de *sobreturismo*

Fuente: Elaboración propia.

3.   No hemos aprendido de nuestros errores

Recuerdo ahora que cuando visité hace pocos años la ciudad de Málaga, comenté a uno de los responsables municipales del turismo mi percepción de que el turismo en los núcleos centrales de la ciudad estaba muy presente e incluso parecía excesivo, con notoria ocupación de espacios públicos y aparente ausencia de vida local, tanto por la composición social que advertía en los lugares por los que transitaba como por las características del tejido comercial en dichas áreas. Cuando le pedí su opinión sobre si este estado de cosas no conduciría a episodios de contestación ciudadana por posibles desequilibrios en la convivencia, el responsable municipal lo negó con vehemencia y me aseguró que en su ciudad no existía problema alguno de sobreturismo, que todo el mundo defendía el turismo y que nadie lo iba a criticar. Esta actitud de negar la existencia de problemas ya perceptibles, lejos de ser aislada, era bastante común observarla en muchos profesionales de la industria de los viajes.

No han pasado tantos años desde aquella conversación y ahora leemos que ese idílico panorama que auguraba el responsable municipal no parece tan rocoso, sino que ya han aparecido visibles grietas, abriéndose un necesario debate público sobre estas cuestiones.

Quizás ha llegado el momento de no ignorar la evidencia y de repensar colectivamente los desafíos de la ciudad y actuar conjuntamente, ya que en la inmensa mayoría de ocasiones el exceso de turismo llega a convertirse en un problema cuando ya es más difícilmente controlable.

Situaciones parecidas se han venido conociendo y escuchando en los últimos años en el debate turístico español. Responsables municipales con destinos claramente amenazados por el exceso de turismo se blindaban con comodidad ante estos entornos inquietantes, afirmando enfáticamente, que sus destinos estaban afortunadamente exentos de estos riesgos y que "habían aprendido de los errores" cometidos por ciudades hermanas.

Un supuesto proceso de "aprendizaje", por cierto, bastante cómodo y no sustentado en planes, programas o respuestas sustantivas para prevenir y conducir estos procesos. La historia y nuestros errores repetidos nos han enseñado de manera concluyente que, desgraciadamente, casi nunca aprendemos de dichos errores y que nuestra suerte, desafortunadamente, es volver a repetirlos.

En muchas ocasiones observamos que el sobreturismo se produce inequívocamente en lugares puntuales y en determinados momentos del año, sin que haya razones ni datos para definir a este fenómeno como algo general[137].

Y también es frecuente escuchar que el sobreturismo es un mito, porque aun siendo cierto que hay algunos destinos donde los turistas invaden a los lugareños, hay muchos más lugares donde no hay turistas, a menudo a pocos kilómetros de la carretera. Mantienen que, simplemente se trataría de no seguir a la multitud. Otras opiniones, al tratar esta perspectiva, han incidido contrariamente en subrayar que quizás no es que todos queramos ir a los mismos sitios, sino que solo podemos ir a los pocos que podemos permitirnos.

Pero, ¿resultaría tan incomprensible que en su primer viaje a París un turista desease ver *in situ* la Torre Eiffel?, ¿o que un visitante en su primer viaje a Venecia desease ver la Piazza de San Marcos?, ¿o que un visitante de Roma, quisiera ver la Fontana de Trevi, el Vaticano o el Coliseo?, ¿o que un visitante de Nueva York, quisiera pasear por Times Square o Central Park?

4. Una difícil medición: percepciones versus realidades

No existen instrumentos ni estándares rigurosos para medir el sobreturismo. Y además, hoy por hoy, no existe una presión real sobre los gestores de los destinos para hacerlo. Muchas veces el exceso o la masificación es algo subjetivo, que entra dentro de las percepciones y sensaciones personales. Aquí puede resultar pertinente la famosa definición de *pornografía* del juez de la Corte Suprema de los Estados Unidos Potter Stewart: "Lo sabes cuando lo ves". Y lo vemos subjetivamente cuando los turistas inundan museos, centros históricos, calles repletas de terrazas, playas, parques o lugares turísticos populares.

Los miembros del colectivo CACTUS de Sevilla, un movimiento vecinal contra la turistización, aludían en el verano de 2018 a que estaban "llegando al límite en el centro y Triana" y que había "un contexto de casi saturación" al haberse rebasado la capacidad de absorción de turistas de tales entornos.

Comprobamos cómo se expresan con habitualidad percepciones subjetivas, con el empleo de términos como el de *casi saturación, sensación de masificación* y otros similares, sin aportar datos en los que pudieran fundarse para manifestar tales apreciaciones y denuncias. No obstante, estas percepciones, como ya afirmamos, también resultan necesarias a la hora de evaluar este complejo fenómeno.

Si examinamos los destinos por su proporción de visitantes y residentes para obtener datos que nos lleven a medir la presión turística comprobamos que, en un total de 51 países del mundo, el número de turistas internacionales supera al número de sus habitantes. Esto no significa necesariamente que estos países sufran problemas de sobreturismo, aunque pudieran estar turistizadas algunas ciudades que han experimentado aumentos significativos de población en un momento dado. Hay que advertir, en todo caso, que esos visitantes no están todos al mismo tiempo, de modo que la presión del número se reparte a lo largo de todo el año.

Con el fin de destacar la presión por hacinamiento, el Foro Económico Mundial comparó las poblaciones de residentes con las de los visitantes que pernoctan por año, registrándose ratios significativos como: 1:36 en Venecia, 1:33 en Dubrovnik o 1:8 en París[138]. Desde esta forma de aproximarse a la medida del hacinamiento, la Ciudad del Vaticano ocuparía el primer lugar con una ratio de 5 millones de turistas anuales para una población de 842 habitantes, es decir, 5.938 turistas por habitante. Los siguientes lugares los ocuparían Andorra, con 34 turistas por habitante, Macao, con 28, y las Islas Vírgenes Británicas, con 13[139]. En España, tal proporción sería de 1,4; en Francia, de 1,2, y, en Reino Unido, de 2,01.

Repasando la situación en las ciudades españolas, en las quince principales ciudades turísticas se contabilizaban 7,4 turistas por cada cien residentes de media al año, según un informe de Exceltur. Madrid y Valencia estarían por debajo de la media nacional. Los mayores ratios en España los presentaban, en este aspecto, las ciudades de Granada, Barcelona y San Sebastián[140].

Otra forma de aproximarse a la medición de la presión turística sería analizar la estacionalidad de cada destino. En muchas ciudades turísticas —Londres, París o Sevilla, entre otras muchas—, las tradicionales divisiones entre temporada baja y alta están difuminándose de forma acelerada. Hoy casi todo el año es temporada alta en estos destinos.

En Londres, que con más de veinte millones de turistas anuales es la ciudad más visitada de Europa, la presión turística se reparte prácticamente a lo largo de todo el año y lo que resulta más preocupante es que no se distribuye regularmente por toda la ciudad, sino que los visitantes ocupan espacios urbanos delimitados que crean percepciones e impactos abrumadores.

Así, en Londres, donde el propio aeropuerto de Heathrow registró ochenta millones de pasajeros en 2018; o en París, donde el Louvre o la Torre Eiffel, atraen a casi diez millones de visitantes cada uno de ellos; o en Sevilla, donde en el triángulo formado por los Reales Alcázares, la Giralda o la Catedral, se concentra masivamente la alta demanda turística de la ciudad.

Hay que subrayar que, en España, *estacionalidad* y *turismo* son dos caras de una misma moneda. Durante la segunda mitad del siglo XX la estacionalidad ya era un rasgo muy señalado de nuestro mercado turístico, y hoy los datos ilustran claramente este fenómeno[141]. Entre las muchas cosas que aprendí de mi amigo Javier Gómez-Navarro, recuerdo haberle escuchado un comentario sobre esta misma cuestión que se me quedó grabada: "Mira, resolver el problema de la estacionalidad a la que tanto aludimos en nuestro país, no será algo tan fácil cuando llevamos intentándolo más de cuarenta años y los pasos que se han dado han sido tan poco relevantes".

Es cierto que la estacionalidad tiene soluciones limitadas en el corto y medio plazo, pero hay que avanzar para consolidar turismos de interior donde existe un enorme potencial por explotar.

5.   Será más complejo contener el turismo excesivo, que atraer nuevos turistas

Los mismos factores que fueron ya apuntados para explicar el fenómeno del crecimiento turístico sirven de soporte para explicar los específicos del sobreturismo. No obstante, además de reiterar que son consecuencia de estructuras y modelos de desarrollo, algunos otros podrían añadirse, como la ausencia de control e intervención de las autoridades públicas competentes sobre estos flujos, la ausencia de infraestructuras adecuadas para acomodar al gran número de personas que reciben las ciudades más visitadas del mundo o, incluso, la influencia de las redes sociales como recomendadores de visitas.

Los episodios de congestión obedecen también al alineamiento de diversas circunstancias que impulsan desplazamientos sin expectativas previas. Según relata *The Guardian*, en el verano de 2018, la combinación del exitoso programa de la *BBC*, "Poldark", que se filmó en las playas y bahías del condado de Cornualles (Inglaterra), junto a la inusual ola de calor en el verano y la difusión masiva de estos bellos escenarios a través de las redes sociales, principalmente Instagram, provocó en la región "multitudes abrumadoras", junto a sus automóviles y autocaravanas, bloqueos de carreteras, y problemas para el estacionamiento y para las emergencias sanitarias[142]. Solo unos meses después, la junta de turismo local dijo que había dejado de promocionar las dos playas de Poldark en folletos y campañas debido al hacinamiento.

Parece igualmente paradigmático el caso de Hallstatt (Austria): un pequeño pueblo alpino de 780 habitantes, protegido por la Unesco. Se extendió el rumor de que Hallstatt es la inspiración para Arendelle, el escenario ficticio de las películas *Frozen* de Disney. Los turistas, principalmente asiáticos, comenzaron a llegar en cantidades desorbitadas a este idílico rincón de las montañas, llegándose a registrar 10.000 visitantes diarios. Hoy, sus vecinos se encuentran pensando en cómo gestionar estas afluencias desconocidas en su pueblo[143].

Que tantos factores, diagnosticados previamente o simplemente sobrevenidos, intervengan en las decisiones masivas de desplazamiento, acentúa precisamente la dificultad para hacer frente de manera eficaz y eficiente a este fenómeno.

No parecería por tanto descabellado plantearse que, en el inmediato futuro, será probablemente más complejo, en algunos destinos, contener y controlar el turismo excesivo que atraer nuevos turistas a los mismos. Y los ejemplos citados son solo muestras locales, entre muchas, de lo que ya pudiera considerarse una incipiente amenaza global del crecimiento ilimitado de los viajes, convertidos ya en el pasatiempo más compartido en los destinos más populares del mundo, que no pueden expandirse para dar cabida a tal implosión de visitantes.

Antes de la covid-19 no había nada en el horizonte próximo que augurase que el fenómeno del sobreturismo fuera a mitigarse. Muy al contrario, su peso iba en aumento espacialmente y en la intensidad en la que se había manifestado hasta entonces. Este aumento implicaría, naturalmente, nuevos impactos y desafíos. ¿Cómo serán objetivamente los destinos y lugares afectados dentro de diez años, si se continúan registrando los incrementos en los volúmenes de llegadas de la última década?; ¿cómo influye e influirá en el futuro de la vida en las ciudades la percepción subjetiva sobre este fenómeno por parte de turistas y residentes?

6.   El sobreturismo también se expande

Mi buena amiga sevillana Mónica, residente hace largos años en Bruselas, comentaba cuando hace un par de años caminábamos por una Sevilla colmada de personas en bares, calles y terrazas, que la ciudad se había tornado en "un gran restaurante". Y esa misma impresión la comparten vecinos y visitantes de muchas otras ciudades, ya sea Londres, Edimburgo o Florencia, que están llegando a un punto de inflexión en sus condiciones de vida, a causa de la reconfiguración de sistemas vitales de la ciudad por la presión turística[144].

El ciudadano británico David Tremain comentaba en el diario *Telegraph* en 2018, tras su visita a Florencia y recordando las hordas turísticas soportadas en su visita, que "Florencia en el verano es el infierno en la Tierra". Relataba el señor Tremain cómo "nos saltamos la Galería de los Uffizi que habíamos reservado *online*, ya que había colas para cambiar los cupones por entradas reales y luego también largas colas para entrar en el museo"[145].

La popular pequeña y muy bella isla francesa de Mont Saint-Michel tiene una población de 36 habitantes (2014) en solo 97 hectáreas y atrae a 3,2 millones de turistas al año, con días en verano donde pueden juntarse cerca de 25.000 personas.

En la aldea holandesa de Kinderdijk, no se quedan muy a la zaga. Este sitio, patrimonio mundial de la Unesco desde 1997, con 19 molinos de viento construidos en el primer tercio del siglo XVIII, en el que viven únicamente sesenta personas, recibió a lo largo del año 2018, un total de ¡600.000 turistas!, es decir, un ratio de 10.000 turistas por habitante.

Los molinos de esta aldea es una de las imágenes más fotografiadas por los turistas que visitan Holanda. La mayoría de los molineros, enojados por esta invasión que altera en muchas ocasiones su vida diaria, sobre todo en verano, y conociendo que los planes para este lugar pasan por incrementar las cifras de visitantes a 850.000, con la construcción de un segundo muelle para pasar cruceros[146], dicen que ya han tenido suficiente. Han venido entregando tarjetas a los visitantes para explicarles su situación, y les dicen que su aldea no es Disneylandia y que no van a modificar su vida para satisfacer las necesidades del turismo[147]. Sin embargo, de acuerdo con las críticas enviadas a la web de Trip Advisor sobre este lugar, la inmensa mayoría de los turistas que acuden al mismo se encuentran altamente satisfechos con la visita, muy pocos critican la congestión del lugar y animan y recomiendan a otros potenciales turistas a visitarlo.

La popular y muy hermosa Librería Lello (1906), en Oporto (Portugal), es un lugar maravilloso y muy bien promovido por las autoridades turísticas locales, por lo que ha venido recibiendo tradicionalmente numerosas visitas, aunque vendía pocos libros. La situación financiera dificultaba su mantenimiento y le abocaba a un cierre más pronto que tarde. Hoy, cuando se entra en su web[148], el primer mensaje que se encuentra es *Buy voucher,* que permite reservar una entrada de admisión solo para visitar la librería a cinco euros cada adulto. Esta cantidad se descuenta de la compra de algún libro. Imaginativamente los propietarios ofrecen también la posibilidad de adquirir un bono para comprar y reservar un libro por 19,50 euros, que así mismo da acceso a su comprador a la librería sin guardar cola. En 2017, Lello tuvo 1,2 millones de visitantes, lo que hace que muchos visitantes aludan críticamente a su saturación en muchos momentos. La librería Lello es todo un símbolo del turismo masivo de nuestros días y de sus sorprendentes implicaciones[149].

Los museos también están tratando de resolver los equilibrios entre la accesibilidad y la masificación. "El límite es el que haga posible la visita", apunta José Luis Pérez Pont, director del Centre Carme de Valencia y gerente del Consorci de Museus de la Comunitat Valenciana[150].

Pero los ejemplos del sobreturismo trascienden a las ciudades "de éxito" para llegar a lugares insospechados, como al Everest. En 2015 se limitó la entrada de alpinistas aspirantes a desafiar la mítica montaña. En 2019, todos pudimos ver las imágenes impactantes de cientos de escaladores haciendo cola apiñados esperando una oportunidad para coronar la cima.

La Antártida es el lugar más remoto de la Tierra. Este espacio no tiene "residentes", sino dos grupos de visitantes: turistas —unos 55.000— y quienes acuden como integrantes de programas antárticos nacionales —unos 4.000—. Para llegar a la Antártida, la mayoría de los visitantes viajan en barco desde Argentina o Nueva Zelanda o en avión desde Puente Arenas (Chile). El turismo ha aumentado un 50 % en los últimos cuatro años. Movimientos ecologistas han alertado sobre el impacto de los visitantes a esta reserva del planeta (especies invasoras, impacto en aves reproductoras o erosión de entornos frágiles), y la necesidad de proceder a regular la actividad turística. Los grandes cruceros, algunos con más de 500 pasajeros a bordo, que navegaban por el sur de este continente helado fueron prohibidos, pero ahora la mayor amenaza son las expediciones turísticas, principalmente durante el verano austral, más pequeñas pero cada vez más comunes[151]. Las compañías de viajes especializadas de lujo se apresuran a desarrollar nuevos barcos, servicios más sofisticados y nuevas rutas para viajar a la Antártida[152].

Y el hilo, con ejemplos notables de sobreturismo, se haría muy largo. Podríamos extenderlo hacia ciudades y lugares que ya han sido detectados y analizados por la academia o por los medios de comunicación, pudiendo citar, entre tantos otros, a Maya Bay, en la isla Ko Phi Phi Lee, en Tailandia; a Barcelona; a Ámsterdam; a Lisboa; a Roma; a Edimburgo; a Dubrovnik; al Machu Picchu; a Cinque Terre, al Parque Nacional de Yosemite o al de Manuel Antonio en Costa Rica.

Todo hace pensar que, lamentablemente, como ya hemos expresado en páginas precedentes, estos ejemplos se extenderán en número y extensión geográfica en los próximos años. Pero, como resulta imposible, dentro de los límites de este libro, analizar con el necesario detalle los casos citados, vamos a centrar nuestra atención en el análisis de un caso singular que merece tanta atención como el de Venecia.

7.   Venecia como caso de estudio. Entre las *aguas altas*, las olas de los grandes cruceros y las oleadas de turistas

"Aunque hay algunas cosas desagradables en Venecia, no hay nada tan desagradable como los visitantes."

Henry James, finales del XIX

Quizás sea el de Venecia el ejemplo más comentado y analizado entre quienes tratan fenómenos como el sobreturismo o la gentrificación en nuestros días. Dice Guillermo Altares que "el turismo es uno de los campos en los que la *Serenísima*[153] lleva mucho tiempo mostrando a la humanidad que es el espejo de su futuro"[154].

Recuerdo ahora mi primera visita a Venecia. Era el otoño de 1976. Las circunstancias climatológicas adversas de nuestro vuelo nos obligaron a regresar a Roma, después de fallidos intentos de aterrizaje. Cuando llegamos a la estación de autobuses de Venecia, ya era de madrugada. Para redondear un viaje laborioso, el *vaporetto* que nos trasladaba al embarcadero de la *Piazza San Marco* agotó su gasoil y no hubo más remedio que arrimar el hombro y remar junto al patrón hasta el pie del embarcadero.

Fue un impacto tremendo darse de bruces, de repente, con el corazón de Venecia —un lugar en ese momento vacío y silencioso, lo que amplificaba su mágica belleza—, y poder cruzarlo escuchando únicamente tus pasos sobre el pavimento. Fue un regalo increíble e inesperado. Ahora, a estos momentos le llamamos *experiencia*. Por ello, cuando ahora pienso en las dificultades que atraviesa la ciudad y en sus multitudes que, de tanto amor que le profesan pueden acabar con ella, me acuerdo inevitablemente de ese momento de gozo en una madrugada del otoño de 1976.

Hoy el dilema de Venecia tiene que ver más con su supervivencia que con su belleza y con su apasionante pasado, durante el que fue capaz de superar epidemias, mareas y distintas invasiones, aunque bien diferentes de las actuales.

La conexión entre Venecia y el turismo tiene anclajes lejanos. Como encrucijada entre Oriente y Occidente, era parada obligada de aquellos viajeros del XVII del Grand Tour, pero quizás es a partir de la caída de la República de Venecia desde cuando puede hablarse de una corriente continua de viajeros extranjeros a la ciudad.

Hoy, caminando por sus estrechas calles e intentando atravesar sus magníficos puentes, es posible comprobar cómo el paisaje dominante es un circuito identificado por un mar de cabezas que abarrotan sus reducidos espacios y callejuelas, que impiden las paradas y vistas soñadas para sentir y disfrutar de un escenario tan singular. Algún viajero, relatando su experiencia en la ciudad, comentaba que si se dibuja una línea desde la estación hasta San Marcos, a través del puente de Rialto, el 80 % de los turistas estarán a menos de 20 metros de la misma.

Venecia integra 118 pequeñas islas conectadas por canales y puentes, y tiene hoy 637.245 habitantes, sumando tanto la población de tierra firme como el área administrativa de la laguna o centro insular. A diferencia de las dinámicas demográficas de la Venecia continental, la población de la Venecia turística decrece y envejece víctima de un dramático vaciamiento por expulsión y abandono de muchos de sus vecinos. Los datos son muy significativos: de los 174.000 habitantes que en 1951 residían en la ciudad histórica se ha pasado a los 53.800 habitantes contabilizados en 2017. Se estima que está perdiendo una media de 700 habitantes y nada indica que esta dinámica vaya a frenarse a corto y medio plazo.

Venecia es hoy el segundo destino turístico de Italia más visitado, justo después de Roma. Los turistas alojados en establecimientos hoteleros, que llegan por tierra, mar y aire, se estiman en 12 millones anuales, mientras que los excursionistas se estiman actualmente en 19,5 millones por lo que el número total de visitantes anuales excedería ya de los 30 millones. La actual oferta de alojamiento se estima en 43.000 camas diarias, de ellas 9.000 viviendas turísticas provienen de la oferta de AirBnb[155].

Uno de sus mayores problemas turísticos reside en el tradicional alto número de excursionistas, cuya estimación más moderada puede fijarse en 3 de cada 5 visitantes, y que contribuyen a saturar la ciudad y no tanto a la economía local. Sus hábitos: las fotografías para sus cuentas de Instagram, los bocadillos y la compra de un par de *souvenirs* baratos, como explica Catalina Borelli de la *Officina di Pensiero ed Azione*.

El comercio local, de proximidad, ha quedado prácticamente aniquilado. Se dice que en Venecia, es más fácil encontrar un bolso de Louis Vuitton que una barra de pan[156], que abunda la venta del cristal de Murano *made in China*, o que las ferreterías han sido sustituidas por puestos de *souvenirs*.

El Domingo de Pascua de 2018, Venecia recibió 125.000 visitantes, es decir, la misma cantidad que visita países como Bangladesh en todo el año[157], pero ¿cuántos turistas pudiera razonablemente soportar esta ciudad sin comprometer la calidad de la experiencia turística? [158].

El profesor Bertocchi, y otros, acaban de concluir una simulación de escenario para la ciudad, y sugieren "que el número óptimo de visitantes a Venecia es 52.111 personas por día, de las cuales 15.500 son turistas que duermen en hoteles; 22.000 son personas que duermen en otras formas de alojamiento, y 14.611 son excursionistas de un día. Esto genera una renta del turismo de 8.693.889 euros al día. Cada año, Venecia será visitada, en este escenario, por 19.020.515 de visitantes, de los cuales solo el 28 % son excursionistas"[159].

Parece entonces claro que los límites de resistencia de la ciudad han estado siendo sobrepasados. Algunos conflictos entre turistas y residentes ya se han puesto en evidencia, al igual que la existencia de opiniones discordantes entre los propios vecinos, o entre los distintos niveles de las administraciones públicas a la hora de plantear soluciones para garantizar el futuro de la ciudad: ¿es posible mantener a Venecia a flote y no solo de la agresión de las *acqua alta* (altas mareas), sino de un turismo masivo y depredador, que degrada la vida de sus vecinos paso a paso y día a día?

Evidentemente, no guardamos en nuestro bolsillo la solución precisa para Venecia —si aún existe—, pero la dificultad y la oportunidad estriba, una vez más, en conciliar el desarrollo de una actividad que genera ingresos económicos notables para ciertos sectores de la población, con el bienestar y los intereses generales de sus ciudadanos.

Aunque el debate sobre cómo hacer frente a los excesos del turismo en esta ciudad está permanentemente abierto desde hace décadas, es en los últimos años cuando se ha impulsado una mayor actividad pública y privada con la puesta en marcha de una serie de medidas para contener la degradación.

Venecia es parada obligatoria de los circuitos cruceristas del Mediterráneo. Según Forbes, alrededor de 600 cruceros atracan en Venecia cada año y aportan en torno a un 10 % del negocio turístico de la ciudad. Para regular los flujos turísticos provenientes de estos buques y para paliar los problemas causados por este medio de transporte, en el verano de 2017, en un referéndum no oficial, 18.000 venecianos votaron a favor de que la laguna fuera declarada totalmente libre de cruceros y que estos fueran desviados hasta el puerto de Trieste.

Después de años de debate, de dudas y dilaciones, y de algún accidente como detonante final, se prohibieron en la laguna los buques gigantes de más de 96.000 toneladas, que pueden transportar entre 4.000 y 6.000 pasajeros y que hacían una ruta panorámica pasando frente a la Plaza de San Marcos y subiendo por el canal de Giudecca. Pero la solución a los problemas de los cruceros sigue aún en el aire, y las tensiones y contradicciones entre sectores cívicos, de las administraciones y de los sectores empresariales implicados, continúan latentes.

Otras medidas municipales, como la campaña *DETOURISM*[160] dirigida por la ciudad, parecen puramente cosméticas aunque voluntaristas, ya que los presupuestos asignados para la misma han sido marginales y apenas ha rendido algún fruto hasta hoy. Esta campaña intenta promover un turismo lento y sostenible, animando a los viajeros a ir más allá de los lugares turísticos habituales, para tropezar con experiencias únicas y ver Venecia con nuevos ojos, como lo hacen los venecianos saliendo del camino principal y alejándose de las rutas turísticas bien transitadas. Es decir, y dicho sea provocativamente, la comuna veneciana invita a los turistas a no ser turistas.

Una nueva medida, que se anunciaba para su implementación a partir de julio de 2020, consistía en obligar a los visitantes que no pernoctan en Venecia, a pagar un impuesto de entrada o *contributo di accesso* de entre tres euros y diez euros por persona en función de la temporada[161]. La recaudación se destinaría a los servicios públicos afectados por el turismo, como la recogida de la basura y el mantenimiento de las calles[162]. Este plan del alcalde Brugnaro fue calificado de "inútil, dañino y antiturístico" por el entonces Ministro de Turismo italiano de la Liga Norte, G. Marco Centinaio.

Ambas cuestiones también levantan comentarios críticos por su inadecuación para hacer frente al sobreturismo, y sobre las mismas expresaremos nuestras opiniones en páginas posteriores.

En mayo de 2018, se instalaron unos tornos o puertas peatonales de acceso en las principales entradas del casco histórico veneciano, bajo control policial, limitando la entrada de visitantes en determinados momentos y lugares congestionados. El acuarelista local Giovanni Bonazzon mostraba así su opinión ante esta medida: "Sí, deberían controlar a los turistas, pero no deberían cerrar Venecia. Somos una ciudad, no un parque temático"[163]. En cualquier caso, no parece muy descabellado pensar que la fortificación completa de la ciudad ni es posible —en términos constitucionales— ni deseable, en términos de eficacia y eficiencia. Todo indica que este experimento ha resultado fallido y debiera ser revisado.

Más recientemente se ha aprobado una reorganización de las paradas de los *vaporettos* y una mejor señalización. También, durante la celebración del último carnaval de la ciudad, los gestores locales utilizaron experimentalmente las señales de teléfonos móviles, cámaras y sensores para rastrear los flujos internos de los visitantes en un intento de adquirir mejor conocimiento sobre las dinámicas de movilidad turística en puntos críticos de la ciudad para, con la información obtenida, poder gestionar mejor los excesos del turismo.

En suma, y como hemos relatado, se han diseñado e implementado, con mayor o menor fortuna, un rosario de medidas aisladas, inconexas y fragmentarias. Extrañamos, sin embargo, la ausencia de una sólida estrategia urbana, con un auténtico plan para abordar un complejo problema que tiene una naturaleza multidimensional y que exige políticas públicas bien diseñadas, participadas e integrales y que involucren a múltiples actores con diversas voces que deben ser escuchadas. El objetivo de esta estrategia de ciudad no puede ser otro que la revitalización económica, social y ambiental, que mire con mayor confianza al futuro.

La grave pandemia de la covid-19 ha visibilizado las consecuencias ambientales del tráfico incensante de botes, *vaporettos*, cruceros y miles de personas en espacios tan frágiles. Después de casi un mes de confinamiento en la ciudad, la calidad tanto del aire como del agua de la ciudad mejoró ostensiblemente, descubriendo los fondos de los canales, donde ya era posible ver a los peces nadando. Al fin, el virus trajo algo hermoso.

El exalcalde de la ciudad, Paolo Costa, ha señalado que la paradoja es que el coronavirus ha llegado para resolver un problema que imaginábamos creciente para liberar Venecia del monocultivo del turismo. Venecia ahora está entre dos fenómenos muy golpeados por el coronavirus: la densidad urbana y la globalización. Todo el sistema sobre el que se fundaba hasta ayer ha quedado muy tocado[164].

Por otro lado, la preocupante amenaza de las *aguas altas*, que podrían inundar la ciudad muchos días al año en las próximas décadas, está retando a esta fascinante ciudad. Hoy, lamentablemente, podría ponerse en cuestión hasta la vigencia de la cita que proporciona Guillermo Altares y que hizo el Nobel J. Brodsky, en su libro "Marca de agua", sobre la ciudad de Venecia: "Al rozar el agua, esta ciudad mejora la imagen del tiempo, embellece el futuro. Ese es el papel de esta ciudad en el universo"[165].

La histórica marea del 12 de noviembre de 2019, que alcanzó los 187 centímetros sobre el nivel de mar, dejó tocados psicológicamente a sus ciudadanos y autoridades. Sus impactantes imágenes se difundieron ampliamente en todo el mundo y el turismo desde entonces registró caídas muy sustanciales, en torno al 30 %. No existen, hoy por hoy, medidas para proteger a la ciudad de futuros episodios de *acqua alta*. Por eso, probablemente el desafío más difícil de Venecia en su dilatada historia sea, antes que el que presenta el propio turismo, ¿cómo abordamos la degradación continua de nuestro clima?

8. Respuestas públicas tardías y de dudosa eficacia

Las inercias y falta de entendimiento de las autoridades responsables del turismo sobre los impactos negativos de la actividad han producido ausencia o debilidad de las políticas públicas para corregir y orientar el modelo de desarrollo turístico.

Lamentablemente, hemos visto en algunos destinos, con procesos muy visibles de sobreturismo, cómo sus dirigentes públicos mientras que con una mano se desgañitaban en proclamar su fe en el desarrollo sostenible, con la otra mano empuñaban una copa de champán para brindar por el hecho de haber suscrito acuerdos con múltiples compañías aéreas, mediante ayudas públicas, para seguir la carrera imparable de abrir nuevas rutas aéreas y seguir, en consecuencia, inundando el destino con más viajeros.

Algunos autores creen que la forma en que se gestiona el turismo tiene un impacto directo en la capacidad de carga y la resiliencia al sobreturismo, sin embargo otros, como Megan Espler Wood, directora de investigación en Harvard y Cornell, mantienen que "es una emergencia global" e, incluso, que nadie tiene un control real sobre el turismo tal y como está[166].

Dentro del racimo de soluciones para hacer frente y mitigar los fenómenos de sobreturismo, la mayor parte de ellas se dirigían a solicitar medidas reguladoras que pudieran equilibrar la convivencia de la actividad con la vida cotidiana de los vecinos de las ciudades, especialmente en las zonas o barrios más afectados.

Entre dichas medidas puestas a debate desde el sector turístico han estado las de restringir y limitar accesos a determinados recursos; incrementar los precios en determinadas visitas; promover la dispersión de los turistas dentro del territorio; realizar campañas de sensibilización hacia los turistas con recomendaciones de comportamiento en el destino; crear nuevos productos; medidas para la desestacionalización; invertir en nuevas infraestructuras o un mayor control sobre otras nuevas proyectadas; establecer moratorias en la concesión de licencias a viviendas turísticas, o regular los flujos turísticos mediante el uso de herramientas digitales.

Incluso, hemos llegado a leer que, en algunas situaciones de presión turística, habría que emular al señor Pitman, protagonista de la muy divertida novela de Julian Barnes, *Inglaterra, Inglaterra*, quien compra la Isla de Wright para construir una realidad ficticia, compacta, especializada y cómoda para preservar los monumentos, paisajes y costumbres de Inglaterra. Es decir, un lugar-copia o un auténtico espacio-turismo.

Una idea parecida tuvo André Malraux, ex ministro de cultura francés, quien formuló la teoría del museo imaginario, postulando que en un futuro la gente podría trazarse su propio museo a partir de recreaciones y eso le permitiría visitar los lugares con más interés.

Todas las medidas exigen para su implementación una previa planificación, el análisis riguroso de la situación y una gestión adecuada de las que se adoptaran, con una dinámica de prueba-error para ir evaluando sus resultados prácticos.

Al tiempo de escribir este libro, se carecía del conocimiento e información suficiente sobre la eficacia de las respuestas y procesos de carácter integral implementados durante un tiempo razonable por destinos y ciudades afectados por fenómenos de presión turística, por lo que su evaluación no resulta posible. Cuestión distinta es evaluar las medidas parciales y puntuales que se han puesto en marcha a los fines antedichos.

La gestión de números considerables de personas —turistas y residentes— dentro del espacio urbano no es, como ya hemos señalado, una cuestión que afecte exclusivamente a la gestión del turismo sino que la trasciende para alcanzar a sistemas generales de las ciudades, a sus espacios públicos o a sus políticas de vivienda, exigiendo por ello un tratamiento integral para racionalizar procesos inmobiliarios y urbanísticos y lograr con las respuestas una mayor eficacia y efectividad.

9. Las medidas adoptadas. Redistribución de flujos y fiscalidad

En una pequeña aldea en Donegan (Irlanda) se celebraba una reunión para tratar sobre el turismo, y un lugareño dijo: "Si vinieran más turistas, no tendríamos ningún turista". Probablemente este bienintencionado irlandés no conocía que esos mecanismos autolimitantes tienen muy poco recorrido, ya que una vez que un lugar presenta vocación turística o, aunque sin tenerla las circunstancias le sitúan en la diana de potenciales visitantes, la cadena más pronto que tarde se pondrá en marcha sin asegurar cuándo y cómo parará.

Una de las medidas más citadas por los planificadores turísticos para gestionar el turismo excesivo ha sido la de la redistribución espacial y temporal de los flujos turísticos, canalizando a las multitudes hacia espacios y lugares más alejados de las áreas más saturadas donde se encuentran los principales iconos turísticos, y orientándolas a realizar las visitas en otras horas de menor afluencia o a estaciones del año con menos congestión.

Es evidente que, sin un previo instrumento planificador en el lugar donde se producen los impactos de las multitudes, sería harto difícil abordar aisladamente este tipo de fenómenos. Por ello, además de instrumentos de planificación turística local, singulares en cada destino, la oportunidad se ha abierto para distribuir la riqueza de la economía turística a otras zonas mediante su más equitativa distribución. Además, se trataría con ello de ampliar sus beneficios más inmediatos, intentando con nuevos productos o servicios en otras áreas separadas del interés mayoritario de los visitantes, ofrecer experiencias más auténticas y personalizadas —culturales, gastronómicas, etcétera—, y extender así los promedios de estancia viajera en el destino.

Si, por un lado, los objetivos estratégicos, polarizados en la reducción de impactos sociales parecen cargados de justicia espacial, abriendo oportunidades para otros barrios o áreas de la ciudad menos visitadas y promocionadas, por otro, la eficacia y viabilidad de las soluciones a este fenómeno no parece que hayan cumplido sus objetivos iniciales.

Nos viene a la memoria que, en España, la actual política turística tiene entre sus ejes estratégicos la distribución más equilibrada de su enorme demanda para, entre otros objetivos, consolidar el turismo de interior en zonas que ahora están en riesgo de despoblación. Hoy, más que nunca, pese a un discurso invariable de muchos años que no produjo apenas resultados tangibles, la crisis sanitaria puede definitivamente hacer volver las miradas de un turismo ávido de nuevas experiencias a otras zonas del país más seguras, saludables y con menos hacinamiento, es decir, hacia el medio natural y rural.

Pero no debe obviarse en este análisis el interrogante de cómo será la respuesta de las pequeñas y aisladas poblaciones locales donde la pandemia apenas ha tenido incidencia. El temor de los lugareños a posibles contagios externos y a romper su tranquilidad con desacostumbradas afluencias de visitantes de diversas procedencias y características demográficas puede debilitar la hospitalidad y la propia experiencia turística. No será un proceso sencillo y lleno de automatismos. Necesitamos tiempo para evaluar lo que ahora son poco más que intuiciones.

Los ejemplos de medidas de dispersión se han ido conociendo en muchos lugares del mundo, así como la diversidad de enfoques de las mismas.

En Ámsterdam, se han hecho esfuerzos en los últimos años para intentar atraer, con poco éxito, a los visitantes de los canales y la casa de Ana Frank a otros lugares de interés cercanos[167]. En atracciones como el Disneyland Resort de Los Ángeles, se introdujeron precios estacionales para canalizar mejor los flujos turísticos, pero la medida parece que no resolvió el problema de hacinamiento que había motivado esta decisión.

Los esfuerzos de los gestores públicos del turismo de Roma para llevar visitantes a áreas circundantes de la ciudad, como Rívoli o Frascati, no tuvieron el eco esperado.

Los lugares trillados de interés en las visitas no se abandonan a pesar de los intentos para que los turistas abran sus ojos a nuevas oportunidades de interés. Resultará necesario conocer con precisión los motivos del escaso éxito de estas iniciativas. Una información que, hoy por hoy, no parece suficiente o transparente. Los turistas desean ir a París unos tres o cinco días, pero no están interesados durante este tiempo en salir de la ciudad para hacer excursiones al campo, ya que encuentran suficiente interés en la ciudad elegida para su viaje y no necesitan moverse de la misma.

Otras críticas radicales contra estas medidas han venido del argumento de que lo único que pueden lograr realmente estas medidas, si tuvieran éxito, es turistizar zonas aún no explotadas, ampliando así los territorios de turistización de la ciudad, es decir, logrando el puro desplazamiento de un problema.

Nueva York lanzó en el último lustro, a través de su órgano de gestión del destino NYC & Company, una campaña para alentar a los turistas a explorar distritos más allá de Manhattan y de la Estatua de la Libertad, intentando llevar visitantes a otros distritos como Queens o Brooklyn. Adicionalmente, se intentaba desestacionalizar las visitas impulsando distintas iniciativas culturales y culinarias en meses como enero y febrero, habitualmente con menores tasas de ocupación. Parece que, en este caso, la evaluación de los promotores ha sido más positiva y la iniciativa ha servido para redistribuir la riqueza turística dentro de la ciudad. También en Islandia parece que dieron fruto las iniciativas adoptadas por sus gestores turísticos públicos para llevar visitantes fuera de su capital y de las atracciones naturales cercanas al Círculo Dorado.

En nuestra opinión, las medidas de redistribución, bien planificadas y mejor monitorizadas, pueden ser útiles en determinados destinos, porque existen otros intereses de ciudad superiores que deben ponerse en valor y a los que pueden servir objetivamente estas medidas. Una de las condiciones esenciales para la viabilidad de cualquier medida redistribuidora radica en contar con redes o sistemas asequibles de transporte público para llegar a las nuevas áreas a explorar por los visitantes.

El urbanismo tiene entre sus principales misiones la de contribuir a reducir las desigualdades sociales y espaciales y a impulsar la sostenibilidad. Hacer ciudad para todos los ciudadanos implica —como antes señalábamos— promover la mixtura social y funcional de cada zona de la ciudad y normar que cada proyecto urbano garantice la mezcla social y de actividades[168]. Este objetivo, que compartimos, no es posible alcanzarlo a través de las políticas turísticas exclusivamente, pero estas, sin duda, pueden contribuir al mismo.

El debate sobre el impacto de los impuestos en la competitividad del sector turístico siempre ha estado muy presente y se ha manifestado de forma polarizada a la vista de las funciones que desempeña la fiscalidad y sus impactos. De esta forma, los intereses empresariales y de las administraciones han discurrido en numerosas ocasiones por caminos divergentes. Si bien, por un lado, los impuestos son una fuente importante de recursos para los gobiernos para coadyuvar a financiar infraestructuras turísticas, mantenimiento de recursos y servicios turísticos esenciales; por el otro, afectan a los márgenes de las empresas y a los precios que deben satisfacer los propios turistas.

Además de la fiscalidad que sufren las muy diversas actividades económicas que componen el sector turístico, hay algunos impuestos generales y específicos para el turismo que merecen ser repasados en la medida de que han sido concebidos precisamente para mejorar el desarrollo general de los destinos y para fines específicos (medio ambiente, patrimonio cultural, fines sociales, o para compensar los impactos negativos del sobreturismo).

En este sentido, los impuestos de ocupación o por estancias de corta duración, están muy extendidos en los países de la Unión Europea. Hoy se contemplan en 19 Estados miembros. Los países del Norte de Europa han sido tradicionalmente muy reacios a estas medidas. Sin embargo, Noruega se está planteando implantar un impuesto turístico ante el problema del exceso de turismo en el país, y la creciente preocupación social detectada.

Del mismo modo, se cuentan por decenas las ciudades europeas que tienen establecido un impuesto turístico. Ámsterdam contaba con uno de los impuestos más altos de Europa —del 7 %—, y acaba de agregar un cargo adicional de tres euros por persona. Su principal objetivo era tratar de mitigar el sobreturismo en una ciudad de 867.000 habitantes que registra 18 millones de visitantes anuales. Barcelona se estaba planteando en febrero 2020 un sustancial incremento de su actual impuesto turístico, desde el actual 1,10 euros por persona y día en un alojamiento de 4 estrellas, a 5,70 euros.

Por otro lado, es necesario equilibrar una reducción de los impuestos turísticos con una pérdida a corto plazo de ingresos fiscales, siendo necesario que los responsables políticos no formen sus propias estrategias fiscales turísticas de forma aislada[169].

Las razones a favor de la regulación del mercado a través de la imposición turística se articulan en torno a diferentes argumentos, que coinciden en que se trata de revertir a los ciudadanos una parte de los beneficios de la actividad turística, visibilizando así sus efectos positivos, y contribuyendo a que puedan ser más receptivos con el turismo.

Los defensores de la imposición turística argumentan sobre el hecho imponible de que se trataría de gravar las externalidades negativas que causa el visitante, ya que el mantenimiento público de infraestructuras, equipamientos, servicios y espacios comunes no debe ser sufragado exclusivamente por los residentes, sino por todos quienes los usan —habría que impedir consolidar ciudades de "bajo coste" para los turistas y de "altas molestias" para los residentes—, compensando a los ciudadanos de las externalidades negativas de la actividad turística. El anterior presidente del Consell de Ibiza, Vicent Torres, defendía la ecotasa balear manifestando que el impuesto estaba plenamente aceptado por los turistas que visitan Ibiza porque cada vez más valoran los destinos que se preocupan de su entorno y ven positivamente su aportación.

La oposición empresarial y de alguna parte de la literatura académica a los impuestos turísticos se fundamenta, básicamente, en que su establecimiento afecta negativamente a la competitividad del destino, particularmente en los casos de demanda turística elástica, lo que propiciaría la huida de turistas hacia destinos que bonifican la llegada de turistas. Desde los detractores, se replica también con el argumento de que los impuestos específicos municipales crean discriminación con respecto a otros destinos que no los hubieran establecido (en España, por ejemplo, entre Barcelona y Madrid), y con otras actividades económicas que se benefician del turismo. También se ha contestado el hecho de que, en su caso, no se formule desde las administraciones responsables un impuesto de carácter finalista (tasa/precio público) con una rendición de cuentas apropiada, lo que implica conocer si se aplica correctamente la recaudación impositiva a los fines anunciados por la Administración o sirve exclusivamente para engrosar las finanzas públicas.

No cabe duda de que una de las razones del éxito de estos impuestos radica en que su establecimiento se aborde de manera participativa y transparente y que su esquema sea uniforme, sencillo y no desaliente realmente a los turistas.

Parte VI

¿Economía colaborativa o capitalismo de plataforma?

1.   Impactos sobre las comunidades locales

La denominada *economía colaborativa*, que se inserta en la sociedad de la información, ha producido una profunda transformación en las formas de producción y acceso a los bienes y servicios.

El desarrollo de nuevos modelos de negocio y diferentes prácticas —en el transporte, el alojamiento, la restauración, los servicios, la venta minorista o las finanzas—, bajo esta etiqueta común de aristas indeterminadas, ha generado asombrosos crecimientos, tanto en el volumen de usuarios como en el de operaciones e ingresos. Estas nuevas formas han sido definidas recientemente por algunos autores como *capitalismo de plataforma*, una forma más horizontal en la que los consumidores interactúan entre sí, con reducción de la intermediación de tradicionales instituciones[170].

Este sector de economía colaborativa es complejo y desigual. No puede tratarse igual la economía colaborativa del transporte o la del turismo, como tampoco sus desafíos, ya que sus prácticas presentan matices y diferencias en función de las ciudades y países donde se desarrollan.

El alojamiento entre pares es el sector más importante de la economía colaborativa en relación con el comercio generado, mientras que el transporte entre pares es el mayor en cuanto a ingresos por plataforma[171].

El impacto de las empresas del sector de alojamiento compartido en Europa es enorme: 20 millones de camas (casi el doble que la de los hoteles); 45 millones de europeos se han alojado en un alojamiento de alquiler a corto plazo en Europa en los últimos dos años, con 80.000 millones de euros de facturación anual[172]. El *lobby* hotelero Exceltur mantenía que, según sus datos, en

2018 se alcanzó en España el máximo registro histórico de este tipo de oferta con 430.350 plazas disponibles en viviendas de uso turístico, por encima incluso del número de plazas hoteleras. En España se estima que la plataforma Airbnb ofertaba antes de la covid-19, un total de 300.000 propiedades.

Gráfico 8: Impacto de las empresas del sector de alojamiento compartido en Europa

Fuente: Elaboración propia a partir de datos de European Holiday Home Association. https://ehha.eu/2019/11/29/ehha-response-to-the-draft-opinion-a-european-framework-for-regulatory-responses-to-the-collaborative-economy-by-the-cor/.

AirBnb es uno de los ejemplos paradigmáticos dentro de la actividad turística. Nace en 2008 como servicio de intermediación para alquilar, a corto plazo, casas o apartamentos amueblados. Esta práctica ya existía mucho tiempo atrás, pero Internet la industrializa a niveles impensables hasta entonces. Un fenómeno llamado a competir sin límites con los modelos de alojamiento ya establecidos, pero también a retirar del mercado una parte de las viviendas destinadas a las clases medias y, con ello, a alumbrar nuevos conflictos en muchos países y ciudades.

Este gigante corporativo albergaba, a comienzos de 2020, más de 7 millones de listados en más de 100.000 ciudades. Su valoración era de 31.000 millones de dólares en 2017.

Es cierto que en las primeras experiencias de la economía colaborativa en el sector del alojamiento, con el denominado *home sharing*, vecinos y particulares compartían su casa con inquilinos o visitantes de manera ocasional para, entre otras razones, poder pagar los gastos de su vivienda y llegar a fin de mes. Era una nueva fórmula de alojamiento turístico cuyas bases se fundaban en la ayuda mutua, el empoderamiento de familias, inquilinos o hipotecados de primeras residencias con escasos recursos, el respeto al vecindario, y la dinamización de los negocios del barrio, abriendo posibilidades a los visitantes para vivir como un local.

No eran viviendas turísticas completas y estaban fuera de marcos regulatorios. Esas fórmulas colaborativas iniciales en el mundo del turismo —que aún perviven— han sido prácticamente borradas por el tsunami producido por el dominio de las grandes plataformas colaborativas digitales y la profesionalización de estos servicios de alojamiento, sin que se conozcan criterios claros que permitan distinguir entre pares y profesionales. Con procedimientos muy estandarizados, estas grandes plataformas P2P han suprimido costes de escala necesarios para poder comercializar viviendas en el mercado turístico global. Además, operan en lo que los economistas llaman "mercados bilaterales", desarrollando los lados de la oferta y la demanda del mercado, así como el eje, conector o guardián, entre ellos[173].

Pese al relato *naif* de la economía colaborativa comunitaria, comenzó a hacerse más visible una cara menos amable que puede presentar este fenómeno: la *economía de la depredación*, como la denomina Ian Brossat (2019), o el ya aludido anteriormente *capitalismo de plataforma*, concebido severamente por Josep Ramoneda como "una nueva forma de explotación en la que el intermediario, sin arriesgar nada, lleva buena parte del beneficio"[174].

El crecimiento exponencial de los alquileres turísticos por cortos espacios de tiempo provocó un considerable impacto en el mercado del alquiler, quebrando a través de procesos especulativos las políticas que favorecen esta forma de acceso a la vivienda. Uno de los efectos directos experimentados en muchas ciudades turísticas ha sido la ausencia de suficientes viviendas asequibles para su arrendamiento a largo plazo.

Leíamos en un comentario de un vecino de Sevilla a un artículo publicado en *The Guardian* en 2018 que "Airbnb ha destruido absolutamente el mercado de alquiler en mi ciudad. Es cada vez más difícil encontrar un lugar donde vivir, en un lugar central, porque todos los que tienen un apartamento lo alquilan a los turistas y no a los locales porque pueden obtener más dinero de los turistas. Simplemente crea zonas muertas en el centro de la ciudad donde ya no viven los lugareños, donde las tiendas que no venden vestidos de flamenco pegajosos y camisetas con toros son exprimidas. Una diferencia entre Londres y Sevilla o Barcelona es que, si bien Londres sin duda tiene ciertos puntos calientes, no diría que tenga barrios turísticos reales de la misma manera, y el efecto es más difuso en la ciudad, por lo que no es tan molesto"[175].

De acuerdo con los datos oficiales publicados por la Secretaria d'Habitatge de la Generalitat de Catalunya[176], correspondientes al tercer trimestre del 2019, por primera vez en la historia, los nuevos alquileres firmados en Barcelona entre el 1 de julio y el 30 de septiembre de 2019 superaron el listón de los mil euros mensuales, (1.005,79 euros de precio medio). La burbuja aún no había estallado.

Tenemos que volver a subrayar que los ejemplos apuntados expresan realidades turísticas de ciudades con enorme carga turística, que han sufrido evidentes procesos de expulsión de sus viviendas de sectores de la población local a causa de la presión turística y su mercantilización. Y también tenemos que afirmar que los problemas de disponibilidad y asequibilidad de la vivienda son desafíos urbanos complejos y multidimensionales.

Una investigación de Harvard Business Review[177] descubrió que AirBnb está afectando negativamente el *stock* de viviendas en los Estados Unidos, debido al incentivo para que los propietarios saquen propiedades del mercado de alquiler a largo plazo y las conviertan en alquileres rentables a corto plazo. Se concluye en el citado estudio que, en conjunto, el crecimiento de la vivienda compartida a través de AirBnb contribuye a aproximadamente una quinta parte del aumento anual promedio de los alquileres en los Estados Unidos.

En cualquier caso, el derecho a la vivienda no es un bien que pueda dejarse en manos del mercado, como otros. El acceso a la vivienda, a la vista del artículo 47 de la Constitución española[178], es un derecho a proteger por los poderes públicos y resulta fundamental para el disfrute de todos los derechos económicos, sociales y culturales de los ciudadanos. Los costes sociales que se materializan en situaciones como las de los ciudadanos desahuciados silenciosamente o en las que se les exigen renovaciones contractuales de su alquiler con subidas desorbitadas, son incompatibles con la letra y el espíritu del texto constitucional.

Los impactos también alcanzan a las vecindades que, en determinadas zonas colmatadas de viviendas dedicadas al tráfico turístico, se han resentido con problemas de convivencia que se traducen en ruidos, comportamientos antisociales, pérdida del sentido de comunidad, falta de respeto a las normas comunitarias, suciedad, inseguridad, entre otras cosas, factores que han generado conflictividad vecinal en distintas ciudades.

El carácter "colaborativo" del prestatario final del servicio de alojamiento queda difuminado, ya que los anfitriones de AirBnb no prestan un deber de colaboración o de protección jurídica para sus invitados y clientes superior al exigible en la industria tradicional del alojamiento y su actividad es un servicio de intermediación prestado a cambio de una remuneración.

El grueso de estas rentas las obtienen multipropietarios, intermediarios profesionales que gestionan la propiedad en nombre del propietario, y grupos de riesgo e inversión, incluyendo a algunos grandes grupos hoteleros. De acuerdo con un informe del *lobby* hotelero español Exceltur, aproximadamente un 56 % de los arrendadores que anuncian sus alojamientos en las plataformas P2P son propietarios particulares[179].

AirBnb ha declarado que el 90 % de sus anfitriones ofertaba una sola vivienda. Declaración que sería más creíble si la compañía ofreciera los datos con la mínima transparencia exigible. En 2020, la realidad es que más de la mitad de los listados de AirBnb en Londres son casas enteras, desplazando a los residentes de Londres, y casi la mitad son anfitriones con múltiples listados[180]. Según una estimación de Colliers International y HotelSchool The Hague [181] sobre AirBnb en España, los propietarios de múltiples alojamientos controlaban el mercado en Madrid. Aproximadamente, el 64 % de los alojamientos disponibles eran ofrecidos por anfitriones con al menos dos alojamientos. Esta es una tasa mucho mayor que en otras ciudades europeas, en las que los anfitriones con solo una propiedad controlaban el 60 % del mercado.

Desde una perspectiva vecinal dejamos constancia de un ejemplo entre otros muchos. Los activistas del grupo "Lavapiés, ¿dónde vas?", de Madrid, afirmaron en 2018 que habían desenmascarado "que la tal Raquel alquilaba más de cien pisos en la ciudad, y que en realidad era el rostro bajo el que trabajaba la empresa Friendly Rentals Madrid, propiedad del primer grupo hotelero mundial Wyndham Worldwide"[182]. Conscientes de que este es un dato puntual que no puede extrapolarse, nos preguntamos: ¿será esta "tal Raquel" una de las anfitrionas-tipo o "domésticas" incluidas en las estadísticas oficiales de Airbnb?

Estos nuevos modelos de negocio de alojamiento se concentran principalmente en el centro o cascos históricos de las ciudades, y su extensión por otros barrios más periféricos es con notoriedad más reducida. En Madrid, en 2017, el centro concentraba el 60 % del total de las reservas en la ciudad, y en Barcelona, el 60 % se concentraba en el Eixample y en Ciutat Vella. Sin embargo, declaraba el vicepresidente para asuntos públicos de Airbnb que estaban produciendo experiencias más auténticas de viaje al ofrecer alojamiento en toda la ciudad, pudiendo así distribuir las multitudes de manera más equitativa, redistribuyendo los beneficios económicos en toda la comunidad[183].

Esto nos recuerda a esas experiencias "auténticas" que invitan a "vivir como un local", que en muchas ocasiones han traído otras consecuencias, y no siempre positivas, para la vida de los locales que antes tuvimos ocasión de enumerar. El independiente *Economic Policy Institute,* en un análisis realizado recientemente, concluyó que los costos económicos de Airbnb para las comunidades locales probablemente superaron los beneficios de viajeros y propietarios de las viviendas[184].

Resulta evidente que, los fenómenos del sobreturismo no son explicables únicamente por el factor Airbnb u otras nuevas formas de alojamiento, aunque sean también uno de sus factores activantes.

Los promotores y defensores de estos modelos inciden en la incapacidad de sus críticos para aceptar cambios globales que entienden irreversibles, que los beneficiarios reales son los propietarios de viviendas que pueden generar ingresos adicionales de forma ocasional y sin convertirse en un proveedor de servicios profesionales y que a los usuarios les permite alcanzar precios mejores que los ofertados por los hoteles en sitios interesantes para ellos, siempre y cuando los huéspedes de estos alojamientos respeten las reglas exigibles de civismo. Y mantienen que los consumidores se benefician de una mayor competencia, de servicios más personalizados y diferentes, teniendo mayores posibilidades de elección y precios en general más bajos.

Lo que se deduce del panorama que hemos resumido es que esta oferta de alojamiento en viviendas de uso turístico por días ha crecido exponencialmente; que estos nuevos modelos de negocio, además de adhesiones y críticas, generan problemas demostrados e incertidumbre, pues son muchos los aspectos que aún deben definirse para garantizar su desarrollo responsable y equilibrado.

Además de la posible contribución puntual a las economías turísticas de algunas ciudades y de ciudadanos que son prestatarios finales de estos servicios, también se generan impactos y conflictos, cuyas causas deben atajarse más pronto que tarde para garantizar su futuro en un mercado turístico más equitativo.

El Parlamento Europeo aprobó el 15 de junio de en 2017 un documento sobre la economía colaborativa que liberaliza y facilita los requisitos de acceso efectivo a los servicios colaborativos y condena aquellas normativas que restrinjan la oferta[185].

Airbnb tiene su sede central europea en Irlanda y defiende que solo está obligada a acatar las normas de ese país. Resulta esclarecedora la información que aporta Ian Brossat (2019) en cuanto a la fiscalidad de Airbnb, recurriendo para ello al ejemplo francés: "Los impuestos pagados por la plataforma al fisco francés en 2015 era de 69.168 euros, cuando la plataforma era utilizada por 10 millones de franceses. La respuesta a esta situación increíble es simple: recurren a los circuitos de evasión fiscal permitidos por la presencia de paraísos fiscales en la misma Unión Europea. La evasión fiscal está en el corazón del *business model* de Airbnb. Un informe de la Inspección General de Hacienda francesa de 2016, dedicado al alquiler de viviendas de corta duración, mostraba que únicamente el 15 % de las encuestadas decían haber declarado íntegramente sus ganancias obtenidas en la economía colaborativa. Una cifra que indica el alcance de las pérdidas potenciales para el fisco francés"[186].

La European Holiday Home Association (EHHA) alega en este sentido que "hay alrededor de dos mil impuestos turísticos locales en Francia, lo que hace que la recaudación y la remisión de cantidades precisas sea extremadamente desafiante"[187].

Parece que el objetivo de encontrar un desarrollo equilibrado de esta oferta no se logrará sin que se grave adecuadamente a este tipo de alquileres turísticos. Exceltur estimaba en un informe de 2015, que una acción conjunta de reducción del fraude y de eliminación de la exención del IVA podría llegar a generar una contribución a las arcas públicas por este sector de casi 800 millones de euros anuales[188].

Pero este fenómeno hay que observarlo y tratarlo desde marcos jurídicos claros y políticas públicas coordinadas e integradas a escala estatal, autonómica y local. Aún no existen estadísticas oficiales, inventarios o diagnósticos rigurosos sobre el peso de esta oferta de alojamiento, su evolución y dinámicas de funcionamiento, los cambios en el entorno laboral, volumen, calidad del empleo, fiscalidad, etcétera.

En el compromiso del actual Gobierno de coalición en España se establece al efecto potenciar un "Observatorio de la Vivienda" para "investigar y analizar la situación de la vivienda en España". Sin esta información resultará imposible intervenir públicamente desde las instituciones con medidas de control, urbanísticas[189] y de otro tipo.

Adicionalmente, el debate sobre la política de alquiler en España se articula hoy en torno al compromiso del pacto de gobierno PSOE-Unidas Podemos de 2019 para definir un marco jurídico orientado a poner límites a los precios de los alquileres. Esto puede suponer un profundo cambio en las políticas seguidas en el país. De conformidad con ese compromiso, los Ayuntamientos "podrán declarar de forma objetiva y fundamentada en criterios técnicos, con carácter temporal y excepcionalmente" zonas tensionadas. Por otro lado, se "impulsarán reformas normativas" para facilitar que las comunidades de vecinos puedan prohibir los alquileres turísticos, algo que actualmente puede hacerse con el acuerdo de tres quintas partes de los propietarios. Esperemos movimientos y consecuencias.

Mientras llegan nuevos marcos regulatorios que aseguren una política de vivienda asequible, la incertidumbre global en ciudadanos y negocios, tras el covid-19, también golpea al gigante Airbnb, que parecía inmune a cualquier actuación gubernamental que pretendiera introducir limitaciones y regulaciones en su firme y poderosa posición corporativa.

De hecho, parece contrastado que —aunque no hay aún datos fiables—, muchos propietarios en distintos países, a la vista de las pérdidas, hayan abandonado la plataforma y hayan vuelto a poner sus casas en el mercado de alquiler convencional a largo plazo para residentes. ¿Serán todas ellas decisiones temporales mientras dure la tormenta o habrá movimientos de más calado en el horizonte?: lo que es previsible es que estos cambios contribuyan a corto plazo a generalizar la reducción de los precios del alquiler, y que desde las administraciones locales más afectadas por la alta presencia de propiedades en manos de AirBnb intenten aprovechar la situación para recuperar el control y repensar sus estrategias. A partir de ahora, intentar buscar equilibrios entre los llamados *jugadores tradicionales* y las *principales plataformas digitales* ya no puede ser solamente una pieza retórica.

Decía muy acertadamente el comisario europeo de Mercado Interior Thierry Breton, en comparecencia ante el Parlamento Europeo, en abril de 2020, que "no se trata de enfrentar a uno contra el otro. La responsabilidad de las plataformas en general, y en el sector turístico en particular, es un elemento sobre el cual creo que habrá un antes y un después de esta crisis. La Ley de Servicios Digitales en la que ya estamos trabajando será la oportunidad de encontrar ese equilibrio"[190].

Estas plataformas volverán, tras los paréntesis temporales de la actividad, pero con menos valor de mercado y con una demanda que significativamente habrá cambiado muchas de sus referencias y prioridades. Otras alternativas cooperativas basadas en otros principios y modelos podrán, quizás, tener un espacio mucho mayor en el inmediato futuro[191].

Parte VII
La recuperación verde

1.   La secuencia diabólica: crecimiento, aumento de la demanda, crecimiento de las emisiones

"Nosotros no podemos vivir como nosotros."

Hans Rosling

Entre las amenazas globales que se ciernen sobre nuestras vidas y haciendas, la emergencia climática y las pandemias adquieren, por su relevancia, una mayor preocupación y necesidad de atención. Hay, además, claros indicios de que el cambio climático podría exacerbar las probabilidades de nuevas pandemias[192]. Es decir, convergencias de riesgos en esta nueva normalidad post-covid.

Se ha apuntado acertadamente que al comparar la emergencia climática con la sanitaria de la covid-19, en la que Estados de todo el mundo han volcado todos sus recursos a su alcance, se percibe que el cambio climático no es un riesgo real. Con la emergencia climática, explica el ambiéntologo Andreu Escrivá, se ha evidenciado de una forma palmaria cómo en un caso hemos respondido y en otro no[193].

Conocemos que la mayor parte del CO_2 acumulado en la atmósfera fue emitido por países prósperos durante los últimos cincuenta años. Bután, el país que implantó el PIB como "Felicidad Nacional Bruta", o altas tasas diarias para sus visitantes para fomentar que su industria turística fuera más restauradora que extractiva, es un ejemplo mundial de este paradigma, ya que puede estar pagando un alto precio al estar absorbiendo más CO_2 del que están emitiendo.

El dominante modelo de crecimiento económico, basado en el derroche y en el desmesurado uso de los recursos naturales, es objetivamente insaciable con los ecosistemas, y trae consecuencias en forma de migraciones climáticas o de fenómenos de meteorología errática y extrema.

Para la ambientóloga Beatriz Felipe, "el cambio climático se debe básicamente al modelo de crecimiento y de consumo de los países del norte global, mientras que las migraciones climáticas con las peores condiciones ocurren en los países del sur, que son los que menos han consumido"[194].

Las pequeñas islas del Pacífico, con enclaves de belleza natural paradisíaca, es una de las zonas donde se están provocando migraciones, principalmente por la elevación del mar. Mientras, en otras islas turísticas situadas en el Océano Índico, como Maldivas, Mauricio o Seychelles, el turismo internacional representa entre el 30 % y el 80 % de las emisiones nacionales de gases de efecto invernadero (GEI) a la atmósfera.

Las olas de calor registradas en los últimos años llegan cada vez con mayor antelación y duran más tiempo. Las secuelas de algunas de ellas han sido extremadamente graves[195]. El disfrute de recursos como las playas, donde se registran las mayores concentraciones de población en el verano, se hace cada vez menos confortable a determinadas horas. Lo mismo sucede en muchas ciudades turísticas.

En un informe, visualmente muy interesante, elaborado por Crowther Lab[196] se compara la evolución de la temperatura en países y ciudades de todo el mundo en la perspectiva de 2050. Algunos datos referidos a Madrid llaman nuestra atención: en dicha fecha, tanto Madrid como Atenas se parecerán más a la actual Fez (Marruecos), y la temperatura más alta en verano subirá otros 6,4 °C y en media anual +2,1 °C.

Los modelos actuales de ciudad se han basado en el crecimiento que, a priori y paradójicamente, solo se puede lograr si la propia ciudad se destruye. Las ciudades son responsables de más del 70 % de las emisiones de dióxido de carbono relacionadas con la energía. La secuencia, por más que se trate de edulcorar, es clara e invariable: crecimiento económico —aumento de la demanda— crecimiento de las emisiones. Resulta irracional que este crecimiento, al que recurrentemente se le añade la etiqueta "sostenible", banalizando su recto sentido, no se autolimite ni controle de manera efectiva para que precisamente deje de guiarse y apartarse del mero desarrollismo.

En las ciudades, sobre todo en las grandes urbes, se concentran fenómenos que impiden o lastran desarrollos sostenibles, y no será fácil avanzar hacia una sociedad sostenible sin, al mismo tiempo, avanzar hacia ciudades sostenibles.

Por ello es muy pertinente la siguiente pregunta: ¿cómo se puede alcanzar y garantizar la sostenibilidad de las ciudades y, en particular, el desarrollo equilibrado del turismo en aquellas urbes donde esta actividad es uno de sus principales factores económicos?

En nuestro *Libro blanco de los destinos inteligentes* (2015) [197], escribíamos que será en las ciudades que pongan su rumbo inequívocamente hacia la sostenibilidad donde la inclusión y los equilibrios sociales, ambientales y económicos vayan creciendo y, en consecuencia, disminuyendo sus desigualdades. Y será en estas condiciones donde no se distinga entre las experiencias de vida de residentes y de turistas. Hay una necesidad evidente de medir el impacto del conjunto de actividades que conforman el turismo para poder planificar adecuadamente desarrollos más sostenibles.

Sostiene el profesor Manfred Lanzen, de la Universidad de Sidney, que la creciente riqueza y los desarrollos tecnológicos convirtieron los viajes de lujo en más asequibles y que con ello ha aumentado con fuerza la huella de carbono *per cápita* y esto no parece saciarse a medida que crecen los ingresos[198]. Los billones de viajeros, nacionales e internacionales que se mueven por el mundo son responsables de cerca del 10 % de las emisiones de CO_2

del planeta. Por eso su adaptación y mitigación sigue siendo uno de los retos mayores e inaplazables del turismo global.

Algunos gobiernos en el mundo ya habían advertido en la primera década de este siglo sobre los fuertes incrementos de los gases invernadero derivados específicamente de la aviación. En el Reino Unido, según el gobierno británico, aumentaron casi un 90 % entre 1990 y 2003, imputándose dicho crecimiento exponencial al auge de los viajes de bajo coste motivado por la reducción de tarifas[199].

Es cierto que el sector turístico contribuye al cambio climático, pero el turismo también es muy vulnerable al cambio climático. Las amenazas para el sector son muy diversas, desde cambios estacionales y geográficos en las pautas de la demanda, a daños por calor en las infraestructuras. Los recursos naturales y culturales son la base de la competitividad del sector turístico. La continua degradación impulsada por el clima y la perturbación del patrimonio cultural y natural y de otros recursos comunes afectados impactan muy negativamente en la sostenibilidad del sector turístico.

En estas condiciones no parece alarmista decir que, con esta conjunción de factores, el turismo sostenible está viéndose amenazado y que, incluso, la opción turística debería descartarse radicalmente en relación a determinados recursos ya dañados y degradados.

El conjunto de la industria de los viajes y el turismo y de las administraciones turísticas tienen que asumir sin excusas y en cada ámbito territorial la cuota de responsabilidad global en la emergencia climática que vive el planeta. Y no resulta justificable, en modo alguno, argumentar que otros sectores económicos como la energía, la agricultura o la industria son más contaminantes.

Los diagnósticos ambientales formulados en este sentido han sido innumerables en todo el mundo, especialmente durante este siglo, y han sido llevados a cabo por entidades gubernamentales, científicas, académicas, ecologistas o ciudadanas. Pero sabemos bien que, ante las urgencias climáticas, no se trata solo de diagnósticos ni de declaraciones de intenciones, sino, principalmente, de medidas y tratamientos a tiempo o preventivos.

2. Descubriendo la huella ecológica del turismo

En 2008, se realizó la primera evaluación detallada de las emisiones globales de CO_2 de las actividades relacionadas con el turismo (incluyendo el alojamiento, transporte, actividades complementarias y excursionismo). Este trabajo fue realizado por la OMT, el Programa de Naciones Unidas para el Desarrollo (PNUD) y la Organización Mundial de la Meteorología (WMO)[200]. Su conclusión más visible fue: la proporción mundial de emisiones de CO_2 atribuibles al turismo se estimaba alrededor del 5 %. Debe advertirse que en este informe no se recogía dato alguno de impactos del transporte local en el destino, o de los viajes organizados (*tours*), que pueden comprender cantidades significativas de viajes con las consiguientes emisiones.

Por sectores, el transporte generaba la mayor proporción de emisiones (75 %), y el transporte aéreo de pasajeros (que representaba el 17 % de todos los viajes turísticos internacionales) causaba alrededor del 40 % de todas las emisiones de CO_2 relacionadas con el turismo.

En un nuevo informe de OMT, en 2019, realizado también por la OMT, en esta ocasión junto a la International Transport Forum (ITF)[201], el objetivo era proporcionar evidencia de las emisiones de CO_2 del turismo relacionadas exclusivamente con el transporte. En este estudio se excluyeron las emisiones no solo del alojamiento y otras actividades turísticas, sino también otras importantes actividades de potencial emisor como las de los cruceros[202] y los excursionistas.

Sorprende, a priori, la exclusión de los cruceros, ya que solo los cruceros propiedad de Carnival Corporation & PLC, emitieron en 2017 diez veces más óxido de azufre, causante de enfermedades, que los más de 260 millones de vehículos de pasajeros que hay en Europa en los mares del Viejo Continente[203].

El cálculo de la huella ecológica del turismo, pese a su relevancia, no es una cuestión a la que se le haya dedicado institucionalmente mucha prioridad en su análisis, si exceptuamos los dos estudios precitados de OMT de 2008 y 2019, que además no son comparables en tanto que el objeto de los respectivos análisis no es el mismo.

En adelante, las instituciones del turismo global deben reforzar su coherencia y liderazgo estableciendo nuevos consensos con las instituciones y entidades implicadas para analizar con mayor profundidad y periodicidad aspectos tan esenciales para el devenir de la industria de los viajes. Con ello, la credibilidad de los mensajes de estas instituciones en favor del turismo sostenible y de los Objetivos de Desarrollo Sostenible de Naciones Unidas se incrementará.

Al mismo tiempo, con información contrastada y analizada y con la extensión de opciones y programas de compensación desde la cooperación público-privada se contribuirá al necesario cambio de comportamientos sociales. Es importante que los viajeros puedan conocer y seleccionar productos y servicios turísticos con un menor impacto ambiental y poder calcular la huella de carbono aproximada de sus viajes (por persona y trayecto), y necesitamos conocer los cambios en los estilos de consumo de viajes a medio y largo plazo para considerar alternativas de reducciones significativas de carbono.

Una de las escasas referencias académicas de valor sobre la cuestión que estamos comentando es el estudio "The carbon footprint of global tourism"[204], dirigido por el profesor Manfred Lanzen y publicado por la revista Nature Climate Change, en 2018. En esta investigación se analiza y cuantifica por vez primera la huella turística mundial a lo largo de toda la cadena de suministro en una evaluación completa del ciclo de vida del turismo global[205]. Las conclusiones más relevantes son las siguientes:

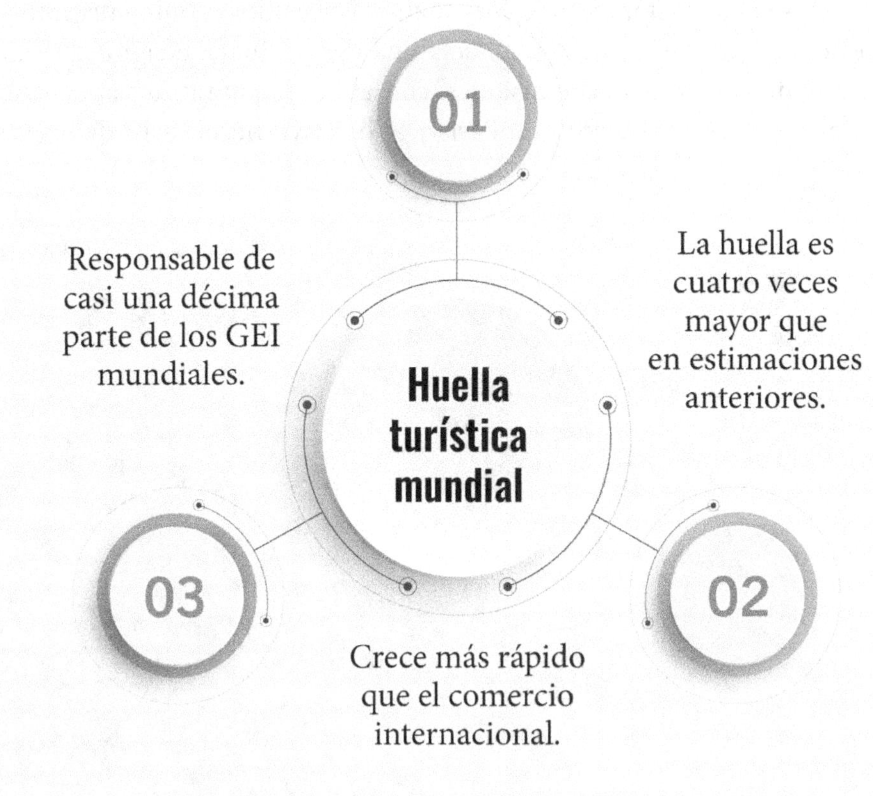

Fuente: Elaboración propia a partir de datos del Fuente: estudio "The carbon footprint of global tourism", dirigido por el profesor Manfred LANZEN y publicado por la revista Nature Climate Change, en 2018.

La recomendación final del estudio es simple y clara: volar menos y pagar más para reducir el carbono.

Varios investigadores de la Universidad de la Ciudad de Tokio han intentado recientemente evaluar los impactos desglosados de la industria turística japonesa en el cambio climático. La huella de carbono se calculó sobre la base del consumo turístico y el ratio de contribución de cada subsector turístico fue el siguiente: transporte, 56,3 %; recuerdos, 23,2 %; alojamiento, 9,8 %; alimentación y bebidas, 7,5 %, y actividades, 3 %[206].

Ante estas constataciones, todos los análisis conocidos estiman urgente que el sector se transforme y avance hacia una desvinculación significativa del crecimiento respecto a las emisiones, con el fin de garantizar su contribución más radical al Acuerdo de París y al objetivo número 13 de los ODS sobre "acción por el clima".

3.   Las emisiones de los vuelos

Según las previsiones de la ITF para 2030, a pesar de los aumentos previstos en la eficiencia de los combustibles y la aparición de modos de transporte más limpios y ecológicos, el crecimiento de la demanda de transporte de pasajeros y mercancías dará lugar a mayores emisiones de CO_2, concluyendo en este aspecto que, la descarbonización del sector del transporte tendrá que ser una parte importante de la solución.

Las emisiones de los turistas transportados, en efecto, han crecido de manera constante en las últimas décadas. La IATA, sin embargo, prefiere enfocar la realidad de otra manera, manteniendo que la aviación solo es responsable del 2 % de las emisiones globales de CO_2 y que las emisiones por pasajero han descendido más del 50 % desde 1990[207].

Se pronosticaba que en 2030 la aviación seguiría desempeñando un papel clave en el turismo internacional, y que la proporción de viajes por ferrocarril se duplicaría para el turismo internacional en comparación con 2016, gracias principalmente a Europa. Las cuotas de coche y autobús, por el contrario, se pensaba que registrarían reducciones. El ferrocarril, por su parte, seguiría siendo el modo de transporte menos intensivo en CO_2, con el autobús cerca.

Las compañías aéreas, conscientes de lo mucho que se juegan en este terreno, han puesto el acento de la mitigación en la mejora de la eficiencia, con la aceleración de la investigación y el desarrollo de nuevas tecnologías como vía más razonable para lograr los objetivos climáticos y mejorar con ello su reputación social.

IATA se planteaba como objetivo, antes de la covid-19, reducir las emisiones al nivel de 2020 gracias a la aplicación del plan Corsia[208], un controvertido programa de compensación y reducción de carbono para la aviación internacional. Pero justo después de la covid-19, IATA ha pedido a la Organización de Aviación Civil Internacional (OACI) que modifique el citado plan Corsia, o que se arriesgue a que las aerolíneas abandonen el programa[209]. Como vemos, IATA sigue escudándose en atajos cortoplacistas para salir de la crisis. A esto le llamamos incidir en el error.

El desarrollo de aeronaves eléctricas o híbridas de corto recorrido está en la hoja de ruta de algunas compañías y fabricantes, pero su incorporación no solo no se antoja cercana, sino que parece altamente improbable. Los esfuerzos de la tecnología para mejorar en la eficiencia y en descarbonizar van mucho más lentos que los aumentos tan notables de la demanda viajera[210].

En algunos sectores turísticos y académicos no producen excesiva credibilidad las promesas de IATA. "El elefante en la habitación es que muchas personas vuelan en sus vacaciones", sugirió la moderadora y periodista británica Tanya Beckett en un debate en la feria World Travel Market-2018. Es cierto que muchas aerolíneas aún ven estas cuestiones de la mitigación como una cuestión de cumplimiento obligatorio, y que no está incrustado en su pensamiento que deberían ser realmente parte de la solución. El siguiente paso es que las aerolíneas avancen más allá del cumplimiento para hacer una verdadera diferencia[211].

Aunque la aviación internacional representa menos del 3,5 % de las emisiones totales de CO_2 de la Unión Europea, ha sido la fuente de emisiones —junto con el transporte marítimo— que más rápido ha crecido y más contribuye al cambio climático. Las emisiones de los vuelos internacionales no son una mera anécdota dentro del conjunto de sectores implicados en una mejor gestión ambiental[212].

Pocas semanas después de la covid-19, la dramática caída de la aviación a nivel global, especialmente en Europa, supuso una reducción muy sustancial en la contaminación de la aviación. Ya no cabía la menor duda de que menos aviones implica una reducción formidable en las emisiones de CO_2.

Como vemos, las emisiones de CO_2 relacionadas con el sector turístico, especialmente el transporte, siguen siendo un desafío importante para el propio sector, que debe determinar su propio escenario más allá del transporte. Transformar el turismo para la acción por el clima requiere entrar necesariamente en la vía de las bajas emisiones, con la sensibilización y la optimización como elementos clave.

Uno de los objetivos de la reunión de expertos convocada por la OMT en Berlín en marzo 2020, no celebrada por causa de la extensión de la pandemia de la covid-19, era contribuir al desarrollo de recomendaciones de políticas sobre las que se pudiera actuar a fin de transformar el turismo para la acción por el clima.

A la vez que nos parece positivo y necesario seguir debatiendo en foros globales sobre estos retos, tenemos que señalar la paradoja de que las respuestas a adoptar se tengan que soportar necesariamente en la celebración de múltiples conferencias, reuniones y comités internacionales presenciales, sin optar de manera prioritaria y general por las videoconferencias y reuniones telemáticas. La necesaria coherencia entre mensajes y actitudes y el ejemplo que proyectan las organizaciones turísticas internacionales exige un profundo replanteamiento en este tipo de eventos presenciales, que debe ser igualmente exigible en todos los ámbitos posibles de la industria del turismo.

Tras la covid-19 todo hacía indicar que de manera precautoria existirían resistencias ciudadanas al uso inmediato de cualquier modo de transporte públicos. Por ello, fueron bienvenidas iniciativas de ciudades orientadas en una buena dirección ambiental y social que acondicionaron determinadas calles para ofrecer mayores espacios para que pudieran circular las bicicletas. ¿Serán señales de inflexión hacia pautas y modelos de movilidad más sostenible?

4. Reducir vuelos

Ante las propuestas de reducir la accesibilidad de los viajes, las respuestas no son naturalmente fáciles ni sencillas. El filósofo Luke Elson de la Universidad de Reading, decía que "puede ser que un modelo con vuelos más escasos y caros, pero más respetuosos con el medio ambiente, 'desdemocratice' el turismo —a no ser que se aplique un modelo similar al de los impuestos progresivos: tasar más a quien más viaje—. Y ni siquiera esto parece garantizar que vayamos a cuidar mejor del planeta. Basta mirar al Everest, donde la ascensión es restringida y la cumbre está colapsada y llena de basura"[213].

Tenemos que mantener nuestra incertidumbre sobre la pertinencia de estas medidas pero, de lo que no cabe duda es que, seguir instalados en un confortable y peligroso imaginario es de una irresponsabilidad descomunal. Actuemos ya, aunque nos equivoquemos.

En 2019, las aerolíneas transportaron 4.500 millones de pasajeros en el mundo, y en España se alcanzó el récord de pasajeros con 275 millones, llegando una muy alta proporción de turistas internacionales (68,7 millones) en avión.

En Europa se han empezado a mover iniciativas tendentes a reducir las emisiones producidas por los medios de transporte, especialmente por la aviación. Tanto en el Parlamento holandés como en el francés se propuso, en 2019, que se prohibieran los vuelos cuyo recorrido se pudiera realizar en tren en tres horas o menos.

En Holanda, el grupo político GroenLinks lanzó una petición *online* para bajar los precios del tren y compensar el esfuerzo económico del ciudadano, y el Parlamento holandés pidió en 2019 a su Gobierno que pusiera fin al enlace aéreo Ámsterdam-Bruselas, ya que puede reemplazarse fácilmente por tren.

En Francia se registró en junio de 2019 una iniciativa similar liderada por François Ruffin y otros diputados. La proposición no de ley[214] pretendía la sustitución de vuelos interiores —por ejemplo, trayectos aéreos como el París-Marsella, las dos ciudades más pobladas del país que están conectadas por avión en una hora y veinte minutos—, por el tren, cuando sea posible. De esta forma se emitiría con cada viaje de ida y vuelta en tren, cincuenta veces menos que el mismo trayecto en avión. Se puede leer en la proposición a la Asamblea Francesa que "la libertad de viajar no es la libertad de contaminar".

Como consecuencia de la crisis del coronavirus, el Gobierno francés acordó recientemente un paquete de ayudas a la compañía Air France por importe de 7.000 millones de euros. Una de las condiciones impuestas a cambio fue dejar de competir con los servicios del tren de alta velocidad TGV en cuyas rutas los trenes ofrezcan un tiempo de viaje de dos horas y treinta minutos, o menos. Ya no podrá Air France vender billetes de vuelos desde París a Burdeos, Lyon, Nantes o Rennes[215]. Esta condicionalidad en las ayudas nos parece una decisión acertada para orientar el crecimiento hacia un modelo más sostenible.

Más lejos ha ido el Partido Verde alemán, que propone una ley que prohíba a los alemanes volar fuera de sus fronteras más de tres veces al año[216].

En España aún no se está desarrollando este debate, pero también hay trayectos de avión y de tren que cumplen el citado criterio de las tres horas. El equivalente más inmediato sería el vuelo Madrid-Barcelona.

En este sentido, la alcaldesa de Barcelona, Ada Colau, solicitó eliminar el puente aéreo entre la capital catalana y Madrid con la justificación de que era suficiente con el tren AVE[217]. Frente a esta propuesta, hemos tenido la oportunidad de escuchar muchas críticas feroces y agresivas sin apenas justificación, y muy pocas alternativas razonadas.

Pero el debate sereno y desde diversas ópticas sobre estas cuestiones es muy necesario y llegará más pronto que tarde. Y en este debate tendremos que mirar atentamente al apartado 1 del artículo 20 del Reglamento comunitario 1008/2008 que especifica: "Cuando existan problemas medioambientales graves, el Estado miembro responsable podrá limitar o negarse a ejercer los derechos de tráfico, especialmente cuando otros modos de transporte brindan un servicio satisfactorio"[218].

Una de las herramientas más eficaces para luchar contra la emergencia climática reside en la llamada fiscalidad verde que pueda gravar adecuadamente el uso de aquellos combustibles y actividades —en particular de la aviación—, que generen GEI, al objeto de que con dichos recursos económicos se repare como mínimo el daño objetivo y cuantificable que causan al medio ambiente.

Según un informe de la Comisión Europea, subir los impuestos al combustible de la aviación reduciría las emisiones en un 11 %, y subiría los precios de los billetes un 10 %[219].

Eximiendo a las aeronaves del impuesto sobre el combustible, el Reino Unido estaría "regalando" diez mil millones de libras anuales[220]. Recientemente, el Comité sobre el Cambio Climático que asesora al Gobierno británico, ha recomendado que una tasa de viajero frecuente ayudaría a frenar las emisiones de la creciente demanda de viajes aéreos[221].

En toda la UE-28, solo siete países aplican un impuesto de salida de pasajeros aéreos. Las tarifas pueden variar significativamente y a menudo se distinguen por la duración del viaje y por el criterio de que el vuelo sea dentro o fuera de los países de la Unión Europea, del tipo de aeronave y la clase de viaje[222]. Francia acaba de aprobar una ecotasa aérea que se cobra por cada pasajero que parte del país y que se reinvertirá en infraestructura para transportes más ecológicos. Y la Comisión Europea se plantea crear un impuesto similar comunitario.

El director general de IATA, Alexandre De Juniac, declaraba recientemente: "Los impuestos destinados a evitar que las personas ejerzan su libertad para volar conseguirán que viajar sea más costoso, pero no servirán de mucho para reducir las emisiones"[223]. Habría que recordarle al Sr. De Juniac que un impuesto sobre las emisiones de carbono, también recordaría a hogares y a empresas que debemos reducir nuestras propias emisiones y, tal como ha señalado J. E. Stiglitz, "los impuestos incentivarían a la vez las inversiones y la innovación para reducir tales emisiones y podrían desempeñar un papel fundamental en alcanzar las importantes metas fijadas en las Cumbres internacionales para limitar el calentamiento global"[224].

Hasta ahora, la mayoría de gobiernos ha seguido la estrategia política de no enfrentarse a la industria de la aviación, con la exención de impuestos otorgada a su combustible. Esta situación recibe cabe vez mayores críticas y parece que ha llegado la hora de pensar de manera diferentes sobre esta cuestión[225].

Las medidas para incrementar la demanda, que vendrán en cadena tras la covid-19, no podrán justificarse si no se concentran en los objetivos de largo plazo de la descarbonización y del interés general. Por eso vemos factible la adopción de medidas fiscales y el incremento de los precios de los vuelos para desalentar a los viajeros frecuentes si queremos imaginar otro escenario internacional más respetuoso con el planeta.

Volar no es un bien o servicio que usemos y necesitemos los ciudadanos cada día. El derecho a volar de una persona ni es especial ni puede igualarse ni contraponerse al derecho colectivo a salvaguardar el mismo planeta que habitamos todos los ciudadanos. ¿Es, quizás, de mayor relevancia el derecho a volar que el de estar alojado en un hotel al que se ha llegado por otros medios de transporte, o el de usar un comercio minorista del barrio?

5. Las estrategias y medidas de mitigación

En el antecitado informe OMT-2019 se aboga por algunas estrategias de mitigación para hacer frente a las emisiones procedentes del turismo:

- reducir el uso de energía: con un mayor uso del transporte público, un cambio al ferrocarril y al autocar, en lugar del coche y el avión;

- mejorar la eficiencia energética, y

- aumentar el uso de energía renovable o carbono neutral: sustituyendo combustibles fósiles por fuentes de energía como la biomasa, la energía hidroeléctrica, eólica y solar.

Entre la amplia gama de opciones de mitigación para el turismo se encuentran también aquellas medidas que los hoteles y otros proveedores del sector pueden implementar para mejorar su eficiencia energética.

Cuando se proponen soluciones locales al sobreturismo por medio de medidas de mera dispersión o desconcentración, como ya tratamos en el apartado 29 de la Parte V de este libro, pero sin reflexionar sobre las cantidades de CO_2 que se elevan a los cielos por tamañas concentraciones humanas, seguimos sin mirar con los ojos abiertos y de frente al problema global y, por tanto, incapaces para mitigarlo eficazmente. Los destinos turísticos no pueden abordar su desarrollo sostenible sin comprender el estrecho marco de relación entre "bienestar, emergencia climática y sobreturismo"[226].

Hoy se trata también de pensar en otras alternativas como la de diseñar con el objetivo de no generar residuos, como nos enseña la economía circular o de ciclo regenerativo. Se ha dicho ya que estamos, probablemente, ante una transición hacia un capitalismo verde.

El ejemplo reciente de la ciudad de Ámsterdam abre nuevas perspectivas en este prometedor camino. La ciudad se acaba de comprometer, en abril de 2020, a crear una economía totalmente circular para el año 2050. El modelo económico detrás de esta decisión es muy ambicioso e incluye una manera innovadora de calcular la riqueza de las sociedades en las que se tenga en cuenta la interconexión del mundo globalizado y los límites físicos del planeta[227].

6.   Un nuevo contrato social verde. El impulso del cambio climático

El catedrático Antón Costas, uno de los pensadores económicos más prestigiosos de nuestro país, ha propuesto recientemente construir un contrato social verde que haga posible una nueva época de prosperidad para todos. Cree el profesor que el impulso moral y colectivo para generarlo pudiera venir del cambio climático, ya que produce un velo de ignorancia respecto a nuestra situación en el futuro, especialmente si sucesos como las pandemias aceleran la percepción de su urgencia[228].

Ojalá esta propuesta, tan conveniente como necesaria, pueda encontrar el acompañamiento de un ambicioso programa de inversiones e incentivos para la recuperación. Estamos persuadidos de la necesidad de construir un camino firme y decidido de transición orientado hacia una economía verde, un Pacto Verde que dote de sentido a la sostenibilidad y que sirva como palanca de recuperación económica.

Tenemos que reiterarlo: el futuro es ahora. Ahora es el momento de que la comunidad turística formule colectivamente una estrategia eficaz y decidida para abordar lo que debe considerarse el mayor desafío para la sostenibilidad del turismo en el siglo XXI.

La tremenda paralización de la actividad industrial, de la movilidad urbana y de la reducción del tráfico, a causa de la covid-19, ha mejorado enormemente los indicadores medioambientales y recortado los gases de efecto invernadero, especialmente en lugares donde se daban grandes concentraciones de personas. Pero tras esta coyuntura, y sin necesidad de inmovilizar las economías, la batalla por el clima ha de continuar. No puede seguir aplazándose.

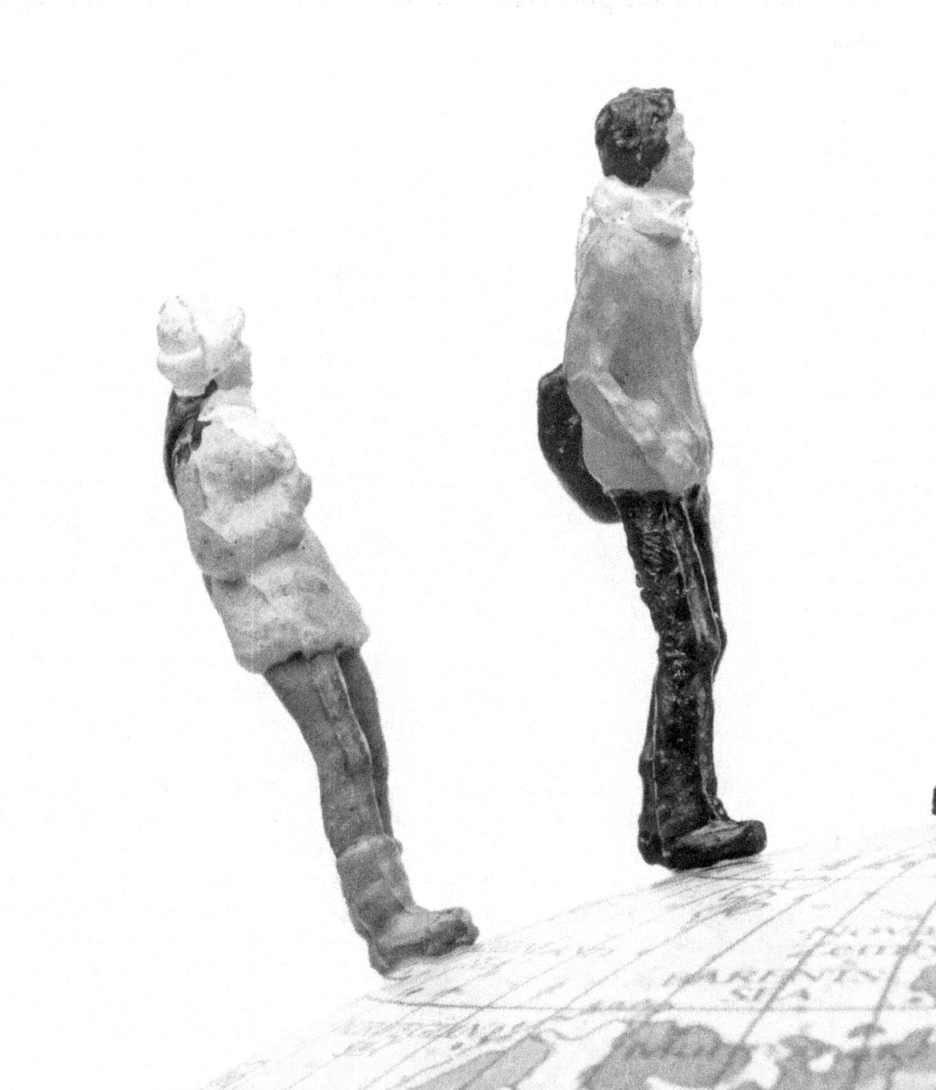

EUROPE
Petersburg
FRANCE

Parte VIII

Las personas

1. La cantidad de empleo no equivale a su calidad

De acuerdo con el Banco Mundial, la fuerza laboral global en 2019 ascendía a 3,46 billones[229]. Esta enorme fuerza laboral está hoy afectada directa o indirectamente por la masiva perturbación económica derivada de la crisis de la covid-19.

No tenemos certeza acerca del número total de empleos turísticos en el mundo. Antes de la covid-19 se estimaba por el WTTC que uno de cada diez puestos de trabajo de todo el mundo los aportaba el sector turístico, incluidos los empleos directos, indirectos e inducidos. De acuerdo con este dato, podríamos estimar un empleo turístico mundial próximo a los 350 millones de personas. Este indicador nos da una prueba más del formidable peso del turismo.

Tras la covid-19, desde el WTTC se aseguraba que la pandemia estaba provocando una pérdida diaria de más de un millón de puestos de trabajo en la industria y cifraba en 100.8 millones las posibles pérdidas totales de empleo[230].

El turismo es uno de los pilares estratégicos esenciales de la UE para el empleo y el crecimiento inclusivo y representa en torno el 9 % del empleo total de la Unión Europea, es decir, trece millones de personas[231].

La posición de liderazgo global de España en el turismo se traduce igualmente en su enorme capacidad de generación de empleo. En 2019 se registraban 2.673.520 personas ocupadas, lo que supone el 13,5 % del empleo nacional. Un 82 % eran asalariados y un 18 % autónomos, y uno de cada cinco ocupados en la industria turística nacional tenía nacionalidad extranjera[232].

Gráfico 10: Capacidad de generación de empleo turístico en España (2019)

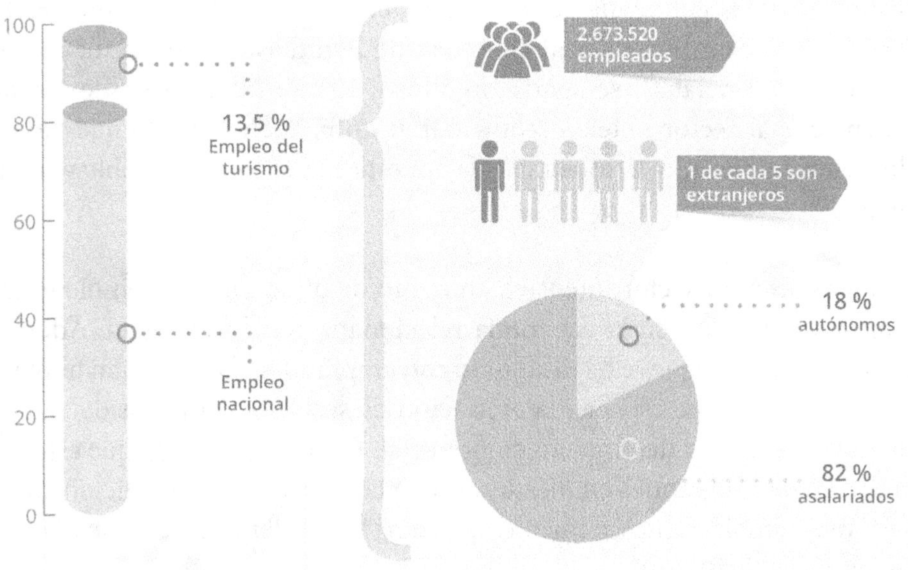

Fuente: Elaboración propia a partir de datos de Tourspain: https://tinyurl.com/ycajvpjc.

Desde la segunda quincena de marzo de 2020, y como consecuencia de la pandemia del coronavirus, comenzó una auténtica hecatombe laboral, nunca antes conocida en los registros históricos del Instituto Nacional de Estadística (INE).

La mayoría de los trabajos perdidos se correspondían con empleos de carácter temporal. A su vez, hasta finales de abril de 2020 se presentaron en torno a 150.000 ERTE (expedientes de regulación temporal de empleo) en las empresas turísticas, la mayoría en el sector de la hostelería, a los que seguirían innumerables expedientes de regulación por causas objetivas.

Son constantes las apelaciones de organismos internacionales, nacionales y regionales a entender el turismo como una locomotora de crecimiento económico y desarrollo que, como señala OMT con fruición, "impulsa la creación de más y mejores puestos de trabajo"[233]. Descendiendo a ámbitos territoriales inferiores, este mismo mensaje se reproduce miméticamente en cascada.

Justo antes de la pandemia de la covid-19, el presidente de la patronal HOS-BEC (Asociación Empresarial Hostelera de Benidorm, Costa Blanca y Comunidad Valenciana), se sentía orgulloso de que los puestos de trabajo vinculados al sector hotelero aumentaran un 6 % en 2019, lo que para el dirigente empresarial demostraba "la apuesta por el empleo estable y de calidad"[234].

Estamos ante un sector intensivo en mano de obra, que crea empleos adicionales indirectos en la economía relacionada con la actividad. Además, conocemos —porque se ha difundido con amplitud— que el capital humano es estratégicamente clave en la prestación de servicios turísticos de alta calidad y en el mejor desempeño empresarial. Pero siendo cierto que estamos ante uno de los grandes empleadores del planeta, la cuestión adicional es si ¿estamos también ante un buen empleador?, ¿está demostrada la calidad de los empleos turísticos?

La OCDE lleva trabajando activamente mucho tiempo para llevar la calidad del empleo a la vanguardia del debate sobre políticas, argumentando que el desempeño del mercado laboral debe evaluarse en términos del aumento del número y la calidad de los puestos de trabajo[235].

Tenemos que constatar que, con carácter general, el empleo turístico es un empleo precario, con abundante temporalidad —en España es del 33,3 %, es decir, siete puntos más alta que en el conjunto de actividades a nivel nacional—, y con condiciones laborales deficientes, sobre todo en determinados empleos.

La propia OIT mantenía en 2017 que "el trabajo de turno y nocturno, la estacionalidad, el empleo temporal a tiempo parcial, así como otras formas de empleo no estándar, incluida una tasa cada vez mayor de externalización y subcontratación, son frecuentes en el turismo"[236].

En una publicación de referencia de OCDE[237], se da cuenta de las características de los empleos turísticos. Por su interés las resumimos seguidamente:

Gráfico 11: Características de los empleos turísticos mundiales

Fuente: Elaboración propia a partir de datos de Stacey, J., "Supporting Quality Jobs in Tourism", OECD Tourism Papers, 2015/02, OECD Publishing. http://dx.doi.org/10.1787/5js4rv0g7szr-en.

Desde perspectivas sindicales, se entiende que la mejora de la rentabilidad de los negocios turísticos experimentada globalmente en la última década no ha servido como catalizador para que el empleo del sector mejorase su imagen como empleador y conseguir así avanzar en la estabilidad del empleo, mejorar la cualificación de las personas que trabajan en él y fijar unas condiciones laborales adecuadas.

El sindicato CC. OO. hacía una observación afinada: "Este sector se percibe por la sociedad como un mercado de trabajo con un elevado índice de rotación de personal, que genera un empleo precario y al que acuden mayoritariamente trabajadores de forma transitoria y a veces con escasa formación, que conciben el empleo en turismo solamente como un puente hacia el trabajo en otros sectores productivos y que muestran cierto grado de insatisfacción en el desempeño del trabajo"[238].

Hay algunas posiciones, dentro de la Academia, que si bien reconocen que el turismo genera importantes niveles de empleo entre mujeres, entienden que la feminización del trabajo turístico, en realidad, ha dado lugar a elevados niveles de precarización y que, "en el caso de las mujeres se les puede contratar en ciertas actividades turísticas mal pagadas y poco valoradas porque sus tareas pueden ser concebidas como una extensión del trabajo doméstico y de cuidados, en sí desvalorizado por la cultura patriarcal dominante"[239]. Y esta perspectiva de género ya era observada por la OIT en un documento de interés editado en 2017[240]. También para la OCDE, las mujeres son más propensas a trabajar en un empleo precario a tiempo parcial.

Incidiendo en la brecha salarial, según CC. OO., del análisis de la estructura salarial en el sector de hostelería se desprende que las mujeres cobran aproximadamente el 80 % del salario anual que perciben los hombres en el sector; así como que los salarios de las mujeres en hostelería representan un 54 % del salario medio en España, y un 67 % en el caso de los hombres, debido a la incidencia del empleo a tiempo parcial y de la brecha de género que aún existe[241].

Desde la Justicia ya se han ido dando pasos importantes para poner coto a estos abusos. El Tribunal Supremo reconoció en 2018 discriminación salarial por razón de género en el caso de las camareras de piso en varios hoteles de Tenerife (Tensur S. A. Hotel Best Tenerife). La sentencia estimaba que el colectivo laboral de departamentos de pisos (compuesto en el 92 % por mujeres) estaba siendo discriminado salarialmente a través del cobro de un "plus de productividad" de 139 euros mensuales, mientras que el colectivo laboral de camareros de sala (formado en el 85 % por hombres) cobraba por ese mismo concepto 640 euros[242].

Una de las cuestiones más controvertidas y que han generado más conflictividad en el seno de las empresas, principalmente de alojamiento, ha sido la de la externalización de algunas actividades a raíz de la reforma laboral de 2012 en España. Los argumentos esgrimidos para su contestación giraban en torno a las pérdidas sustanciales de derechos económicos y sociales de los trabajadores subcontratados, al quedar estos fuera del ámbito protector de los convenios sectoriales, es decir, abocados a la precariedad como horizonte laboral.

Desde el *lobby* hotelero Exceltur se compartía la idea de fijar las condiciones laborales de la externalización de actividades en el marco de la negociación colectiva, pero minimizaban —sin entrar en las cuestiones de fondo— al colectivo que generaba esta conflictividad (limpieza y camareras de piso, principalmente) estimándolo en unas 6.500 personas.

Ha resultado algo insólito escuchar a dirigentes de la hotelería española, como al presidente de la cadena AC Hoteles, Antonio Catalán, afirmar que las prácticas abusivas con estas trabajadoras (popularizadas como *las kellys*), eran "una explotación" y manifestar su compromiso de poner fin a estas subcontrataciones: "Nosotros no externalizamos los pisos. No se puede pagar a estas camareras tres o cuatro euros por habitación; aceptar eso supone un deterioro del producto y de la imagen. Los listos de la película siempre son los mismos"[243].

Afortunadamente, a través de la negociación colectiva se ha podido regular la externalización del trabajo realizado por personal de algunos departamentos de las empresas (restauración, bares, pisos, cocina, recepción o conserjería).

Para Exceltur, los salarios en las diversas ramas turísticas en España son competitivos, están alineados con otros sectores y se sitúan por encima de la media europea, y entienden que el sector ofrece una remuneración mayor para los puestos de trabajo de base, en relación con otros empleos de similares características y necesidades formativas e inferior en las posiciones gerenciales y directivas.

Sin embargo, a nivel mundial, la OIT al comparar los ingresos mensuales promedio en los distintos sectores de la economía global, puede observarse que la relación salarial del sector de "actividades de alojamiento y de servicios de comida", (no integrador, por tanto, de toda la actividad que podríamos encuadrar dentro del epígrafe "turismo"), se situaría en la decimotercera posición entre los catorce sectores de actividad económica comparados. Solamente el sector de "artes, entretenimiento y recreación, y otras actividades de servicios" acreditaría menores ingresos mensuales promedio que el de "actividades de alojamiento y de servicios de comida".

Es cierto que las condiciones de trabajo actuales dentro del sector varían tanto por continentes y países como por subsectores, por lo que no se pueden formular fácilmente diagnósticos globales certeros.

Conocemos algo mejor los impactos en el mercado laboral europeo de la denominada "economía colaborativa" a la que ya nos referimos en la Parte VI de este libro. La Resolución del Parlamento Europeo de 15 de junio de 2017[244], establece algunas consideraciones de interés sobre dichos impactos y los derechos de los trabajadores.

En el caso de Airbnb, podemos afirmar que los empleos inducidos son empleos precarios. Ian Brossat cita un extraordinario artículo de *Le Monde* que recuerda "Las manitas mal pagadas de Airbnb": "Fotografía publicitaria, portería, limpieza, lavandería, arreglos, traslado desde el aeropuerto, organización de las salidas... En el camino de Airbnb, las decenas de sociedades satélites proponen sus servicios para mejorar la experiencia del viajero. Y a aligerar el trabajo de los anfitriones"[245].

En otros subsectores, como el de cruceros o en el de las compañías aéreas de bajo coste, también se han puesto de relieve las malas condiciones de trabajo que ofrecen compañías relevantes a nivel internacional. Decía Elizabeth Becker que "las dos compañías —Carnival y Royal Caribbean— controlan casi dos tercios del negocio mundial de cruceros, y pagan sueldos horribles: 50 dólares (46 euros) al mes a un camarero. Viven de las propinas. No se preocupan de las normas laborales"[246]. Esta impresión se corrobora en la investigación académica llevada a cabo por la profesora Angela Teberga de Paula[247] sobre condiciones laborales en cruceros basados en Brasil.

También en el lado de los perdedores, dentro del imparable crecimiento turístico mundial hasta su dramática parada a consecuencia de la covid-19 se encuentran, paradójicamente, los pilotos de aviación de algunas compañías europeas como, por ejemplo, Ryanair, cuyas deficientes condiciones de trabajo y bajos salarios —comparativamente con otras compañías—, explican mejor la estrategia de bajo coste de esa aerolínea[248].

Las notas que venimos apuntando nos remiten a un panorama de precariedad, estacionalidad, temporalidad y bajos salarios, es decir, una suma de ingredientes que nos alejan demasiado del concepto de "empleo decente" promovido por instituciones como la OCDE. Sin duda, son mero reflejo de una época en la que la precariedad se generaliza; pero es muy necesario subrayar que, sin trabajo decente, la aspiración de avanzar hacia un turismo sostenible se hace sencillamente inviable.

Este cuadro, tan poco edificante, tiene claros precedentes históricos en España. El empleo turístico fue temporal en España desde los inicios del turismo de masas en los años sesenta del siglo pasado. Su provisión inicial, —como señala S. D. Pack— fue con jornaleros agrícolas que trabajaban cerca de las primeras zonas turísticas[249]. El turismo generaba en décadas posteriores mucho empleo de baja cualificación, y mucha economía y empleo sumergido invisible[250]. Han pasado muchos años, décadas; pero lamentablemente las condiciones laborales de los trabajadores del turismo no se han acompasado al camino de "éxito" que caracteriza a este sector en el mundo.

2.   Hacia escenarios de mayor equidad social

Afortunadamente, también se conocen casos que nos acercan a escenarios y prácticas de mayor equidad social, tanto desde el lado sindical como desde el lado empresarial. Ponemos algunos ejemplos seguidamente.

Las Vegas es una fortaleza del trabajo organizado. Los sindicatos han asegurado que la ciudad proporciona empleos turísticos de los segmentos menos cualificados como los de camareros, personal de cocina y limpiadores, a unos salarios razonables[251]. La Unión de Trabajadores Culinarios Local 226 es uno de los sindicatos locales más influyentes de Estados Unidos y es un caso singular a analizar por su trabajo y resultados para la industria turística[252].

Por otro lado, el programa Fair Hotel en Estados Unidos (https://www.fair-hotel.org/), es una iniciativa basada en un sistema de certificación impulsada por el Sindicato UNITE HERE para apoyar y promover empleos de calidad, estabilidad y buenas carreras profesionales en el sector hotelero y de los casinos. Por eso promueven y defienden alojarse en los hoteles que llevan esta etiqueta para dar mejores oportunidades a los trabajadores de los mismos. Esta etiqueta hotelera existe en Canadá, Estados Unidos, Irlanda, Suecia, Dinamarca, Noruega, Croacia y Eslovenia.

En España, este sistema se puso recientemente en marcha entre UGT, CC. OO. y la Universidad de Málaga[253]. Para su despegue se firmó en enero de 2020 un protocolo de colaboración con la Secretaría de Estado de Turismo de España para el proceso de certificación de establecimientos hoteleros con la distinción de "Hotel justo laboralmente responsable"[254].

Lamentablemente, estos enfoques justos que acabamos de describir no están muy extendidos en la industria turística. Contrariamente, las señales de precariedad, salarios bajos, baja cualificación, muy escasa formación y trabajo exhaustivo, se siguen compartiendo todavía en la industria turística por todo el globo.

Si el diagnóstico es compartido y se extiende como una mancha uniforme por los cinco continentes, ¿por qué no tratamos, entre todos, de orientarlo a mayores cotas de valor y justicia social?

No podremos seguir manteniendo el objetivo de un desarrollo sostenible y responsable del turismo si no somos capaces colectivamente de mejorar la calidad del empleo de quienes contribuyen con su esfuerzo a su desarrollo y a su éxito en primera fila.

El empleo precario no añade ningún valor especial a la oferta de los establecimientos turísticos. Y no debiéramos obviar algo tan simple como que el empleo decente es, entre otras consideraciones, aquel que debe permitir a cualquier persona poder vivir de su trabajo.

Por otro lado, se carece de una información suficiente, de calidad, comparable y transparente sobre el empleo y las dinámicas y evolución del mercado de trabajo turístico que vaya un poco más allá de las estadísticas actuales que proveen los países. No conocemos suficientes datos y análisis sobre aspectos como: el uso eficaz de la mano de obra cualificada, los impactos del turismo en el empleo local, la clase y naturaleza de los trabajos que se crean, los salarios percibidos, (con el desglose por profesiones, territorios y perfiles), la perspectiva de género, la formación y el seguimiento sobre las carreras laborales y el desarrollo profesional en el sector, la gestión de recursos humanos de las empresas, o aspectos más de detalle como, por ejemplo, la influencia del exceso de turismo en la calidad del empleo.

Por ello, sería pertinente potenciar desde las administraciones públicas entidades competentes que controlen y evalúen el mercado de trabajo turístico, las tendencias emergentes y las condiciones laborales con objeto de luchar mejor contra las prácticas ilegales y avanzar hacia empleos más justos.

3. Construir confianza entre las empresas y la sociedad

Es cierto que el sector turístico está planteando desafíos adicionales para conciliar las responsabilidades laborales y familiares, tanto para mujeres como para hombres, debido a las singulares características organizativas y estructurales de esta actividad.

Un sector turístico competitivo y sostenible también requiere un diálogo social eficiente. Por eso nos parece tan pertinente que desde la agencia de Naciones Unidas especializada en trabajo se defienda que el sector turístico debe plantearse con seriedad construir un nuevo contrato social de progreso, donde las políticas distributivas tengan un espacio consolidado, y donde se incremente la debilidad actual del poder de la fuerza de trabajo (los asalariados y los sindicatos).

En dicho camino merece destacarse como un buen ejemplo de diálogo social, el Acuerdo alcanzado (2018-2020) entre la patronal hotelera de Mallorca, los sindicatos y el Gobierno de las Islas Baleares para mejorar la calidad de la ocupación en la hostelería, con medidas pioneras en el sector como el endurecimiento de las externalizaciones de servicios y una mayor vigilancia sobre las cargas físicas de trabajo[255]. En el World Economic Forum Annual de 2018, el Presidente de Siemens AG, Joe Kasser sostenía:

> Podemos aprender del pasado y sentar las bases conceptuales para una sociedad inclusiva. Esta visión es más relevante hoy que nunca porque señala el camino hacia una forma inclusiva de capitalismo y hacia un modelo sostenible de bienestar económico y social. Creo que el siguiente paso en el camino hacia la

inclusión es elevar significativamente los estándares para las empresas en lo que respecta a la responsabilidad social y la sostenibilidad. Deberíamos hacer que el valor social, sea el punto de referencia para el desempeño de una empresa[256].

Un mensaje alto y claro, desde el liderazgo empresarial, que debiera llegar a todos los rincones de la industria de los viajes y el turismo para evitar, entre otras consecuencias, la multiplicación de las desigualdades globales.

La grave crisis sanitaria está relegando al turismo en numerosos países a las últimas posiciones entre los sectores que se pueden incorporar a la "nueva normalidad". Todo ello va a tener consecuencias muy negativas en el empleo. La covid-19 es un fenómeno más grave que la crisis económico-financiera de 2008, por lo que sus consecuencias y soluciones tampoco van a ser las mismas. Está a prueba la validez y continuidad del discurso internacional tan ufanamente difundido de la resiliencia de la actividad. Tras esta pandemia, no resultará nada fácil que el escudo protector del turismo en la recuperación del empleo perdido siga funcionando del mismo modo que en crisis pasadas.

Todo indica que a la economía turística le va a costar mucho tiempo recuperarse, aunque algunos vaticinan que será menos lenta en los grandes grupos empresariales[257].

Tendremos que aprovechar las lecciones que nos brinda la crisis, y mirando al inmediato futuro, prever en los planes de reconstrucción de la actividad medidas que incentiven reducir la precariedad y la temporalidad en el sector turístico y avanzar hacia empleos más justos. Las necesarias y justas transformaciones hacia empleos decentes se van a encontrar con una muy difícil encrucijada tras la covid-19.

Para un efectivo desarrollo sostenible del turismo en esta difícil transición, y con la perspectiva del Pacto Verde Europeo[258], quizás también se pudiera explorar el potencial de actividades intensivas en empleo que podrían mejorar nuestra calidad de vida, tanto en digitalización como en productos y servicios sostenibles de bajas emisiones, como, por ejemplo, la recuperación de paisajes naturales degradados, protección de ambientes amenazados por el cambio climático, proyectos de economía circular, eficiencia energética en establecimientos de alojamiento —proyectos solares y eólicos, renovación de las calderas, entre otros—, rehabilitación de edificios, etcétera.

Si bien es cierto que esta senda de transformación verde no estaba llevando el ritmo deseado en tiempos de bonanza económica, los gobiernos de todo el mundo tendrían ahora que estar muy atentos a estas oportunidades que debieran impulsarse desde un gran paquete económico verde, que también alcance e incorpore al sector turístico.

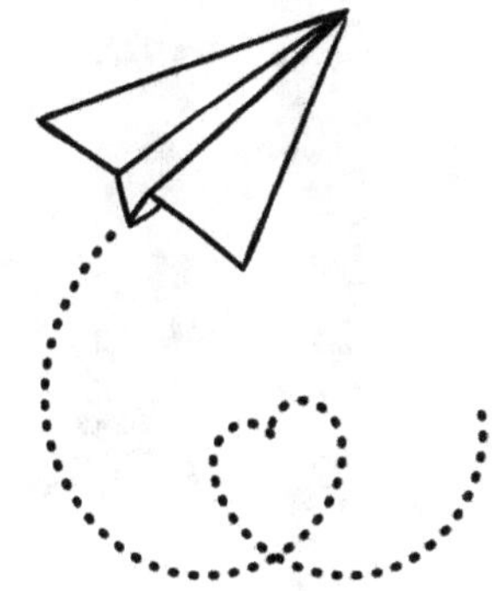

customer 5
15%
customer 4
7%
customer 3
14%

Parte IX
Políticas públicas para una gobernanza democrática

1. La complejidad de nuestro mundo: un lastre para las decisiones públicas

Las instituciones públicas en todo el mundo tienen que afrontar los grandes retos y transformaciones que vienen: la emergencia climática, las emergencias de salud, las pandemias, los modelos de crecimiento económico, los grandes cambios demográficos o los desafíos de la innovación. Estos retos globales comprometen a los poderes públicos en sus distintos niveles y les exige acentuar su función de servicio al bien común.

Es cierto que nuestro mundo hace más complicadas nuestras capacidades de gestión. Como señala Y. Harari: "Nadie comprende bien lo que ocurre en el planeta. De modo que nadie es capaz de mover efectivamente los hilos. Ahora padecemos problemas globales sin tener una comunidad global"[259]. Además, como advierte Zygmunt Bauman, el poder se ha globalizado pero las políticas son tan locales como antes. Las instituciones democráticas no fueron diseñadas para manejar situaciones de interdependencia[260]. El corolario es no disponer de herramientas de gobernanza para la gestión de los asuntos de dimensión global.

La construcción de decisiones públicas sigue presidida por lógicas e instituciones con estructuras e instrumentos poco adaptados a las necesidades sociales y a las dinámicas de nuestro tiempo, de la sociedad, economía y tecnología que tenemos. Señalaba el catedrático de Ciencia Política J. Subirats, que tenemos "una matriz de actuación pública burocrática, que está pensada en una clave de no intervención, cuando necesitamos una Administración pública y unos poderes públicos que sean mucho más capaces de adaptarse y de hacer procesos de actuación conjunta con los movimientos sociales, con las organizaciones, etc."[261].

Como bien ha expresado M. Mazzucato, la elección de una política depende mucho de la idea que cada uno tenga del papel del Gobierno en la economía: ¿es clave para crear valor o, en el mejor de los casos, es un animador de la banda?[262]

En este punto recuerdo que hace ya algunos años, conversando con un antiguo dirigente de una asociación hotelera que acababa de ser nombrado para un cargo público de responsabilidad en la Secretaria General de Turismo de España, me decía que, "nosotros estamos en este puesto para ser el buzón del sector turístico y muy poco más". Esa era la reduccionista cultura política de algunos responsables públicos. Se asume que el valor se crea en el sector privado y que, en el mejor de los casos, el sector público "permite" el valor. Parece obvio que ni se conocía la función pública asumida, ni se habían leído los preceptos de la Constitución española.

La función de la Administración no puede, en modo alguno, consistir en ser "buzón", animador de la banda o correa de transmisión de específicos intereses profesionales y económicos, sino que se traduce en el ejercicio activo y eficaz de las funciones propias de un Estado social y democrático de Derecho, que deben estar orientadas al bien común y al valor público, cuya creación es colectiva.

2. La intervención pública en el ámbito turístico

Si se pretende avanzar hacia un modelo de desarrollo turístico sostenible, se debe repensar a fondo tanto el actual marco regulatorio como el modelo turístico vigente.

De acuerdo con la Constitución de 1978, la intervención pública en el ámbito turístico es imperativa e indisponible. Nuestro texto fundamental establece principios rectores de la política social y económica que orientan el rumbo del desarrollo turístico, y dichos principios, que vinculan a los gobiernos y a sus políticas, son además valores públicos de referencia. Pero la intervención pública tiene, además, otra legitimación no menos desdeñable, que es la creciente sensibilización social para que se produzca de manera eficaz y eficiente.

En tiempos en los que algunas corrientes abogan por un ideal gobierno de "técnicos", el discurso acerca de la ineficiencia del Gobierno y de la necesidad de limitar sus funciones no resulta nuevo, ya que ha estado y sigue estando muy extendido. Hoy se constatan procesos de desregulación liberal, mucho más fuertes y acelerados en las ciudades, y que afectan a múltiples subsectores de la actividad turística, reduciendo los márgenes de actuación de los poderes públicos. Para Guilluy, esto ha supuesto un "debilitamiento progresivo de la gobernanza política y social que permite hoy justificar la continuidad económica y social promovida por unas clases dominantes que se han vuelto irresponsables"[263]. La alcaldesa de Barcelona, Ada Colau, escribía para *The Guardian* en 2014: "La crisis turística en Barcelona es una prueba más del vacío de las promesas del neoliberalismo de que la desregulación y la privatización nos permitirán a todos prosperar"[264].

Pero junto al lícito debate y crítica ideológica o política, es tan importante conocer las consecuencias de estos procesos liberalizadores que se tradujeron materialmente en el turismo a través de dos normas que reducen el papel de la Administración y suponen una clara involución: la Directiva de Servicios de 2006 dictada por la Unión Europea y sus correspondientes normas de transposición y, en nuestro propio ámbito, la Ley 19/2013, de 9 de diciembre, de Garantía de Unidad de Mercado, que continúa la senda marcada por la Directiva citada.

El profesor Alejandro Corral ha estudiado con rigor y extensión este fenómeno en una reciente monografía y sostiene:

> La oleada liberalizadora —un cambio normativo de gran calado desde la Constitución española— ha venido a erradicar los instrumentos de control previo de las actividades turísticas sin realizar una previa reflexión sobre las posibles consecuencias, sin tener en cuenta los potenciales efectos sobre cada uno de los subsectores turísticos. Se ha desposeído a la Administración de unos mecanismos muy útiles para realizar su función esencial de servir con eficacia el interés general (artículo 103 C.E.)[265].

El objetivo del desarrollo sostenible no es posible dejarlo a las leyes del mercado "libre", sino que debe alcanzarse con la intervención decidida de las administraciones competentes y una adecuada articulación de políticas públicas en garantía de los intereses generales en juego. Es, por tanto, posible y necesario articular una política turística integral y coherente, alineada con los problemas sociales y ambientales que trae de la mano el crecimiento ilimitado del turismo.

Los enunciados, discursos y declaraciones de las conferencias internacionales, y de los gobiernos, siendo necesarias, ya no son suficientes. No se trata de repetir con insistencia y en bucle términos como *sostenibilidad, gobernanza, participación, cohesión* o *inclusión*. Diríamos más, no basta con estar de acuerdo con la definición de un término, sino que es necesario también coincidir en la forma de utilizarlo.

Por otra parte, la vieja teoría de la atribución de competencias exclusivas para cada nivel de gobernanza hoy carece prácticamente de su inicial sentido, por la interdependencia y transversalidad de los asuntos a los que hay que enfrentarse, también en la industria del turismo. Como bien sostiene Pierre Calame:

> La gobernanza del siglo XXI es necesariamente una gobernanza multinivel donde las reglas de cooperación entre los niveles que se establecen son mucho más importantes que las competencias asignadas a cada uno de ellos[266].

Por eso las soluciones, por ejemplo, a los problemas específicos de congestión y hacinamiento por causa de turismo que afectan a determinados destinos, exigen actuaciones cooperativas de mayor calado, con la intervención de múltiples niveles públicos. Ante producciones turísticas que exceden de las capacidades admisibles socialmente la intervención administrativa resulta indispensable.

Las administraciones locales van a tener un papel determinante en este necesario cambio de rumbo en las políticas turísticas, en la medida de que disponen —además de la capacidad de gestión de sus órganos de gestión— de muchos resortes que pueden contribuir a lograr mayores equilibrios en las ciudades turísticas —planeamiento y programación de los procesos de urbanización, gestión y disciplina urbanas, intervención ante alquileres turísticos, regulación de cascos históricos, establecimiento de tasas turísticas, transporte y movilidad, seguridad, control de los espacios y vías públicas, etcétera—.

También están implicadas administraciones públicas de niveles territoriales superiores, que tienen mayores capacidades y competencias de gestión para el control de flujos de visitantes que llegan a un destino, además de las que tienen en áreas como las de fiscalidad, suelo, seguridad, grandes inversiones e infraestructuras, programas de vivienda o concesión de servicios urbanos.

Desde *lobbies* como Exceltur se ha pedido al Gobierno español que lidere un sector muy desagregado, heterogéneo, atomizado, irregular, y que desempeñe una función hilvanadora de distintas sensibilidades públicas. Más recientemente, en FITUR 2020, Exceltur pidió "una hoja de ruta" y "una auténtica política de Estado para el turismo", con el máximo diálogo y cooperación público-privada y donde el Consejo Español de Turismo sirva como marco para la toma de decisiones[267]. ¿Cómo, entonces, afrontar desde los poderes públicos los retos que plantea el desarrollo sostenible?, ¿con qué criterios, prioridades y actuaciones?

Los objetivos de desarrollo sostenible se debieran afrontar normativamente, entre otros medios, con los preventivos, es decir, con el control previo y con autorizaciones y licencias. Mantiene el profesor A. Corral: "No se logra entender como las Comunidades Autónomas, en general, han procedido a eliminar de forma sistemática de sus ordenamientos turísticos las autorizaciones y licencias previas, como instrumentos esenciales para la consecución de un desarrollo turístico sostenible y el mantenimiento de una adecuada capacidad de carga"[268]. En particular, las políticas conservacionistas de los recursos naturales y patrimoniales debieran estar sujetas a respetar la capacidad de carga que sea adecuada en cada caso, una herramienta que habrá que desempolvar más pronto que tarde.

Las políticas turísticas más eficaces exigen, a su vez, que tengan su conexión e inserción en las políticas y en la ordenación territorial del ámbito que sea objeto de la planificación turística. Y esta demanda de adaptación al territorio de las políticas públicas, aunque tiene ya largo recorrido, sigue concitando poca atención y esfuerzo de gestión desde el ámbito turístico, permaneciendo como una asignatura pendiente. Hay que avanzar para volver a apropiarse del territorio.

En la gestión de la actividad turística, las ciudades no han dado apenas pasos significativos para su integración en el conjunto de las políticas municipales, y se sigue trabajando sin proyectos sustantivos armados y gestionados de forma conjunta y transversal. Esto es un verdadero hándicap para responder eficazmente a las complejas demandas e impactos de la ciudad turística.

Se ha señalado críticamente, entre otros por el urbanista C. Hernández Pezzi, la decadencia genérica del urbanismo público y los cambios en el modo de ordenarse la ciudad, especialmente después de la pasada crisis económica mundial. Esto estaría afectando a la comprensión y gestión efectiva del turismo en las propias ciudades. Es cierto que el turismo hoy no puede ser gestionado públicamente sin que sus retos y alternativas se integren en la visión de la ciudad, junto a diferentes áreas de gestión que deben quedar afectadas y reajustadas por la transformación turística que están experimentando las grandes ciudades.

También es un reto de envergadura para la imaginación pública y la de los gestores turísticos, poder seguir la actuación intensa, poderosa y planificada de las grandes plataformas tecnológicas globales y operadores turísticos quienes con sus datos e información controlan tantas decisiones turísticas, dejándoles que traten todo nuestro universo digital como su feudo —como bien señala Eugeni Morozov—, lo que incide muchas veces negativamente no solo en los territorios urbanos donde se materializan los efectos, sino en nuestra infraestructura social y política y en una vida democrática más vibrante.

El uso adecuado de las tecnologías está empezando a transformar gradualmente la toma de decisiones en la gobernanza urbana. Tanto el *big data* como otras herramientas actuales se están poniendo en evidencia, con prácticas y ensayos poco habituales en las burocracias tradicionales, que están introduciendo innovaciones en los sistemas de información y conocimiento, mostrando así nuevas capacidades para ayudar a definir y gobernar los problemas urbanos con mayor capacidad y conocimiento, incluyendo las dinámicas del turismo en el territorio: ¿cuál es el perfil y motivaciones de los turistas?, ¿cuánto tiempo permanecen en el destino?, ¿cómo se mueven y qué actividades realizan?, ¿cuánto gastan?, ¿qué satisfacción muestran sobre su experiencia?, ¿dónde se pueden producir fenómenos de congestión?

Pero, en este punto, no podemos dejar de subrayar que la tecnología y sus soluciones actuales centralizadas, nunca podrán ser alternativa alguna a la soberanía y políticas públicas; no podrán evitarlas ni sustituirlas, aunque, tanto el solucionismo tecnológico como el liberalismo "son tan resistentes, no porque sus ideas subyacentes sean tan buenas, sino porque esas ideas han reformado profundamente las instituciones, incluidos los gobiernos"[269].

El antes citado profesor Morozov, en un brillante artículo publicado en *The Guardian*[270], escribía que, "después de décadas de política neoliberal, el solucionismo tecnológico se ha convertido en la respuesta predeterminada a tantos problemas políticos" y que, "El mandato 'solucionista' es convencer al público de que el único uso legítimo de las tecnologías digitales es interrumpir y revolucionar todo menos la institución central de la vida moderna: el mercado". Este profesor formula una pregunta final que, para él, debiera hacerse para comenzar una política "post-solucionista": ¿qué instituciones necesitamos para aprovechar las nuevas formas de coordinación social e innovación que ofrecen las tecnologías digitales?[271]. Aquí está una de las claves para comprender mejor los dilemas del papel de la tecnología en la globalización.

Hoy, después de la covid-19, todo este entorno solucionista nos produce una cierta perplejidad, nos hace revisar muchos apriorismos y nos lleva al terreno de la humildad y del reconocimiento de nuestras limitaciones del que nunca tendríamos que movernos. En este sentido, el periodista Iñaki Gabilondo se preguntaba: "Estábamos depositando nuestro futuro en la infotecnología, la biotecnología, la nanotecnología, la inteligencia artificial, la robótica... y un virus del tamaño de una diezmilésima de milímetro ha venido a darnos una lección de humildad"[272].

3. Planes públicos de turismo. Revisar sus objetivos

En el nuevo enfoque, que más pronto que tarde tendrá que implantarse, otros bienes jurídicos deben ser situados en la cúspide de las prioridades públicas, como son los intereses generales de los ciudadanos y del territorio. Se trata de encontrar los equilibrios, siempre difíciles, para distribuir equitativamente los costes y beneficios de la actividad turística.

Sin duda debiera reafirmarse el objetivo primordial y universal del desarrollo sostenible de la actividad, con las personas primero. Para ello deben revisarse las clásicas directrices que han venido informando la actuación de la mayoría de entidades públicas, polarizadas en torno al genérico crecimiento cuantitativo de la actividad.

En España, desde el Ministerio de Industria, Energía y Turismo se ha aludido recientemente a la transformación del modelo de gobernanza para aumentar su contribución al reequilibrio territorial que se debe plasmar en el instrumento denominado "Estrategia de Turismo Sostenible para España 2030", con el que se confía cumplir los fines fijados.

El "Plan estratégico de Nueva Zelanda 2017-2021"[273], establece como prioridad estratégica, "ampliar nuestra medida de valor desde el crecimiento a corto plazo a la sostenibilidad a largo plazo".

En el reciente Plan de Escocia, *Scotland Outlook 2030. Responsible tourism for a sustainable future,* un documento bien elaborado y de mucho interés, se establece la visión en los términos siguientes:

Somos más conscientes que nunca de la necesidad de cultivar un producto turístico sostenible para el futuro, trabajando con las comunidades para minimizar los posibles impactos negativos de cómo se ha visto el "éxito en números". Este conjunto de compromisos aportará nuestros objetivos para un futuro sostenible[274].

En Ámsterdam, se presentó en 2018 un programa de reformas para crear en el largo plazo algo tan bello como una "ciudad del equilibrio", ya que las partes positivas del turismo, como los empleos e ingresos estaban siendo eclipsados por las partes negativas. Jos Vranken, del órgano de gestión turística de los Países Bajos, declaraba ya en 2018, que "el turismo necesita un enfoque nuevo que priorice el interés de los residentes"[275].

La estrategia turística de Copenhague, *The end of tourism as we know it*[276], considera a los residentes, la industria y los visitantes como uno solo. Se reconoce que el turismo puede tener un impacto negativo en la calidad de vida del residente en caso de que la comunidad local no esté involucrada en la experiencia del visitante.

Barcelona, en su intento de mantener un equilibrio entre los ciudadanos y los turistas en un contexto de sostenibilidad, aprobó el Plan Estratégico de Turismo 2020[277], que marca el propósito de gestionar el destino velando por la sostenibilidad, conciliando al máximo todos los elementos en juego y promoviendo el máximo retorno social posible de las actividades turísticas, con lo que se satisface el disfrute de los visitantes sin poner en riesgo la pervivencia de quienes habitan la ciudad.

Los desafíos más pormenorizados al actual *establishment,* suponen plantearse preguntas de difícil respuesta ante complejos y numerosos retos como: las concentraciones y congestión turísticas en barrios y áreas determinadas, la extensión de las viviendas y apartamentos turísticos no regulados, los procesos de gentrificación de las áreas centrales de las ciudades, con la caída y sustitución de comercios tradicionales, la gestión más racional de crecientes flujos de visitantes, la gestión efectiva de la estacionalidad, el uso y consumo de espacios públicos y bienes culturales y monumentales, el aumento de la contaminación y de los ruidos, etcétera, que, tanto aisladamente, como conjuntamente, reúnen una considerable carga para su gestión.

Estos problemas no pueden, en caso alguno, orillarse, porque afectan al desarrollo más equilibrado de la ciudad y a amplias capas sociales que sufren sus consecuencias, directa o indirectamente. Estamos hablando de *desarrollo*, no de *crecimiento*.

Pero no se observa aún un decidido y generalizado impulso en favor de estas políticas integradas en el seno de los distintos poderes públicos. Todavía el discurso retórico y las inercias se imponen a la planificación y a las políticas públicas integrales y coordinadas. Todavía son mucho más *sexy* y menos complejas las actuaciones de marketing y promocionales, que la lenta, ardua y poco vistosa planificación estratégica. En este punto, ahora recordamos lo que escribía en Twitter el economista Moisés Martín:

> Las ideas preconcebidas circulan entre nuestras neuronas por autopista. Las ideas nuevas o contrarias a tus prejuicios circulan por caminos rurales.

4. Turismo "de calidad": ¿es el que atrae a turistas con las carteras llenas?

Uno de los elementos discursivos clave en el turismo de hoy, se centra en la apuesta "por la calidad" y no por la cantidad.

Cuando leemos o escuchamos estas afirmaciones, una suerte de rápido viaje al pasado recorre nuestra mente. Este discurso era precisamente el reto que la resaca franquista dejó al turismo nacional, y que fue asumido por los nuevos gobiernos democráticos hace más de cuarenta años[278]. Pero, después de escuchar por enésima vez tales invocaciones a ese nirvana al que nos transporta el "turismo de calidad", debiéramos detenernos, siquiera unos segundos, para preguntarnos por su significado y así poder descifrar el porqué de una búsqueda tan persistente en el tiempo y que reúne aparentemente tantos consensos en el seno de la industria turística.

El Gobierno español, a través de su ministra Reyes Maroto afirmaba en 2018 que, «Lo que tenemos que gestionar es qué modelo turístico queremos, si queremos un modelo turístico basado en cantidad o un modelo turístico basado en calidad", y recalcó que la hoja de ruta del nuevo Gobierno va a ser la de la "calidad en materia turística"[279]. En la inauguración de la feria FITUR 2020, declaraba en términos similares que, para 2020, "hay que perseverar en que el foco es la calidad y el aumento de la rentabilidad, y no tanto el número", aunque insistía, frente a los "agoreros", en que "hay margen para seguir creciendo en volumen"[280].

Leíamos que en el foro "Hotusa" (2019), se debatía sobre la saturación turística y se convenía que resultaba imposible que "el turismo de alto nivel y el de bajo coste conviviesen en los mismos espacios". Enrique Alcántara, presidente de la patronal "Apartur", (Asociación de apartamentos turísticos de Barcelona), mantenía en 2018 que, "el problema real en este momento es que la crisis ha ahuyentado al turismo de calidad" y que la cuestión era, "recuperar a aquel visitante que se gasta dinero y es respetuoso"[281].

Entonces, la primera consideración que nos acerca a entender el concepto de "turismo de calidad" reside en la capacidad de gasto de un turista. Un turista que gasta dinero por encima de la media sería de extraordinaria calidad, y *sensu contrario*, un turista que gasta poco y por debajo de la media sería un turista sin calidad y, por tanto, poco bienvenido.

No encontramos, desafortunadamente, otros desarrollos necesarios de esta perspectiva focalizada en el gasto por parte de sus promotores, para comprender mejor sus argumentos. Por ello, sería de interés conocer sus respuestas a algunas preguntas, por ejemplo: ¿cómo está de concentrado o repartido ese gasto turístico extra que dejan los tan suspirados "turistas de calidad", tanto en la ciudad como en los salarios de los trabajadores de esta industria?

Enrique de la Madrid, exsecretario de Turismo de México, lo explicaba diáfanamente: "La meta es que lleguen los turistas con las carteras llenas y que se vayan con las carteras vacías". Sin necesidad de juzgar la pedagogía cívica de este responsable público y el uso de una expresión que nos podría acercar casi a la práctica de un saqueo en toda regla a los turistas, la recta intención del ex secretario de Estado pareciera residir en elevar los costes de visitar un destino, es decir, políticas de precios para alinear la demanda.

Es cierto que otras apelaciones a este objetivo de atraer "turismo de calidad" no se centran en exclusiva tanto en la capacidad de gasto como en atraer a otros segmentos turísticos alejados de la incivilidad y que aseguren un buen comportamiento. El Senado de Berlín presentaba sus objetivos turísticos en 2018 y sostenía que, "mientras que en el pasado el objetivo era aumentar el número de turistas, ahora se busca atraer turismo de calidad, es decir, "turismo de congresos, gourmets y culturales, en vez de turistas de fiesta"[282].

Pero estos convencionales discursos cuando se alejan de la institucionalidad y llegan a determinados sectores de la población, van creando un poso y pueden reforzar las peores actitudes y bajezas humanas.

En un comentario de un ciudadano sobre una noticia de prensa publicada en el diario *El Mundo* relativa a la masificación turística se podía leer un disparate como el que transcribimos:

> Solo la izquierda puede ver mal al turista que viene a dejarse la pasta y recibir con los brazos abierto a las pateras que nos cuestan pasta, ahí no ven "masificación". Pero qué clase de turismo tenemos, qué turistas vienen, chusma de bajo nivel que solo saben molestar, ir andrajosos vestidos por las ciudades sin educación, sobre todo los turistas de pisos turísticos los más cutres, eso es el turismo que queremos basura, eso no es turismo de calidad, solo chusma de bajo nivel que gasta lo mínimo, ejemplo en Mallorca borrachos en Benidorm lo mismo la plebe más baja es la que viene[283].

Digamos ya que con el concepto de *turismo de calidad*, como con tantos otros, no estamos ante un nuevo hallazgo. A finales de la década de los sesenta en España, como bien señala S. D. Pack: "La principal preocupación del sector era modificar un sistema adecuado para turistas de una libra diaria, o quizás menos". La disyuntiva en ese tiempo era insistente ¿cantidad o calidad? La calidad también enfocada en aquella época y, en exclusiva, en la capacidad de gasto.

Un estudio del Ministerio de Turismo de 1974, sobre el turismo extranjero en la Costa Brava, advertía preocupación, con un lenguaje cargado de clasismo, ante "un turismo británico y francés modesto, compuesto de secretarias y empleados"[284]. La Comisión de Desarrollo en esa década de los setenta incidía en parecido discurso al que podemos escuchar hoy, cincuenta años después: conseguir una demanda de calidad, desarrollar modalidades que supongan un gasto más elevado y promover la atracción turística de alto nivel de renta *per cápita*.

No pensamos que este discurso haya sobrevivido como mera pieza retórica, propia del pensamiento mágico y útil para sortear con mayor comodidad situaciones puntuales a las que se iba enfrentando la dinámica de la industria turística. El hecho de que cincuenta años después se siga basando nuestro modelo turístico sobre estas mismas bases puede responder a varias hipótesis:

- es un objetivo inalcanzable, de máximos, pero que debe mantenerse como mera guía de nuestras aspiraciones ideales, o

- es un objetivo posible, pero tan complejo y difícil que hemos sido incapaces colectivamente, hasta ahora, de formular e implementar políticas turísticas con las respuestas adecuadas y que ofrecieran los resultados perseguidos.

Quizás lo probable es que ninguna de las conjeturas citadas se ajuste a la realidad. Quizás resulte más apropiado entender que tamaña aspiración finalista es imposible de alcanzar en un sentido pleno por la simple razón de que choca frontalmente contra la propia esencia de la actividad del turismo, de su democratización, de la movilidad inherente a las sociedades globalizadas, abiertas y tecnologizadas de hoy, de las dinámicas de los mercados, de las implicaciones sectoriales y territoriales, y de las relaciones de poder.

Dice acertadamente el profesor José Antonio Donaire: "Toda la nueva narrativa del turismo de calidad es la vieja crítica contra la democratización del turismo"[285].

Es cierto que existen entornos bunquerizados, urbanos o rurales, en algunos lugares donde se lograría aparentemente cumplir con el deseo de reunir en exclusiva a un turismo de calidad, que consistiría en agrupar visitantes de élites y clases dominantes separados de otros visitantes "comunes" que podrían arruinar experiencias tan selectas.

La pretensión de segmentar estilos de turistas exclusivamente por su capacidad de gasto, con la estigmatización, se quiera o no, de otros turistas que practican libremente su derecho al ocio y a los viajes, y a otro consumo turístico, está muy alejada del derecho al turismo reconocido en el artículo 6 del Código Ético Mundial para el Turismo[286], aprobado por la Asamblea General de Naciones Unidas en 2001, y suscrito por tanto por la práctica totalidad de países del mundo. Pero, insistimos, sobre todo está alejada de la realidad y complejidad de las dinámicas turísticas.

Estos modelos de pensamiento, de extenderse, pudieran conducirnos directamente a una regresión histórica: a los años veinte del siglo pasado, cuando solo los privilegiados adinerados visitaban y recorrían Europa y el mundo durante largas estancias y en los lugares más exclusivos. Entonces se rechazaba a los sectores populares, a quienes no podían gastar, y a quienes osaban mezclarse con las élites en lugares comunes de disfrute y ocio.

Quizás nos ayude en este camino que transitamos un ejemplo muy cercano "de éxito", el de Benidorm, uno de los iconos turísticos españoles. El periodista Josan Piqueres escribía recientemente: "Un lugar donde lo cotidiano, lo misceláneo y lo divino se iguala y se entremezcla. Nadie es más que nadie y todos disfrutan como el más rico. Benidorm es democracia"[287].

Otra relación o acepción del "turismo de calidad" es contraponerla al concepto de "turismo de masas", por su cercanía con el sobreturismo. Esta perspectiva ha sido brillantemente analizada por el antropólogo Sergi Yanes, quien plantea reflexiones de entidad:

> En buena medida el concepto de *turismo de calidad* permitió alinear en una misma dirección el conflicto entre lobbies y los vecinos de las ciudades turísticas. Para los primeros la degradación era obra de los millones de turistas irresponsables ("un conglomerado uniforme y abstracto de gregarios estúpidos, alcohólicos insensatos, incultos e incapaces de integrarse en el orden ético y estético del lugar"). Estigmatización del turista, desplazando el núcleo del asunto desde el productor al consumidor (incívico y de poco gasto), y remitiendo el "turismo de calidad" a apacibles y correctas familias con recursos económicos. Una idealización totalmente intencionada. [288]

También nos parece interesante traer aquí la opinión de la periodista Elizabeth Becker, que está situada en la otra orilla del común entendimiento de turismo de calidad. Preguntada en una entrevista acerca de si las aerolíneas de bajo coste con su explosión habían democratizado el turismo responde:

> Otra cosa que te pueden decir al plantear el debate del turismo es que eres elitista, pero lo que quieres es justo proteger a la gente pobre para que puedan seguir viviendo en su ciudad. La gente que hace negocio con Venecia no son los venecianos[289].

Si convenimos que los modelos segregacionistas son fórmulas afortunadamente del pasado y que la conquista de la democratización de los viajes es algo irreversible, deberíamos quizás repensar estos enfoques tan trillados como ineficaces, ligados al santo grial del "turismo de calidad". Diríamos más: si el término arroja tanta indeterminación y dudas en su ya larga trayectoria y en su comprensión, ¿por qué no dejarlo definitivamente en desuso?

Laura Citron, directora ejecutiva de London & Partners, la agencia internacional de comercio, inversión y promoción para Londres, fue preguntada en la feria WTM-2018 por los objetivos de su organización, y manifestó: "Aumentar el turismo de manera que beneficie a los londinenses". Cuando se le preguntó quiénes son las personas que brindan esos beneficios y quién se comportará de esa manera, ella respondió: «Los millennials de mercados de larga distancia, con una mentalidad culturalmente curiosa», y agregó que la promoción de la ciudad ahora se centra exclusivamente en atraer ese tipo de visitantes. Con este objetivo tan específico se entendía, desde una de las principales ciudades turísticas mundiales, cuál era, a su juicio, el "turismo de calidad"[290]. Enfoques similares sobre el crecimiento hacia una demanda cualitativa, se han expresado igualmente desde la Academia y desde diversas administraciones, para intentar atraer segmentos del mercado con mayor valor añadido y con un menor impacto social, cultural y ambiental.

La oportunidad de reconceptualizar los significados precedentemente analizados en una dirección apropiada está en nuestra mano: no hay, no habrá turismo de calidad, sin entornos democráticos, donde no existan suficientes equilibrios sociales, ambientales y económicos. En estas condiciones el *turismo de calidad* puede y debe alcanzar su recto significado.

Un turista de calidad es un turista consciente, responsable y respetuoso, que contribuye a los deseados equilibrios, y que aporta social y económicamente al destino que visita. Si bien los inveterados objetivos de búsqueda del "turista correcto" pueden ser encapsulados, la complejidad de las dinámicas turísticas y del comportamiento y motivaciones de los turistas, hace mucho más difícil intentar lanzar el dardo al centro de la diana y acercarse al mismo. Sentadas estas necesarias premisas, lo demás —es decir, la incertidumbre—, seguirá después.

5. Políticas públicas participadas y a discusión pública

Para tomar las mejores decisiones para la sociedad, los asuntos deben ser sometidos abiertamente a discusión pública, escuchando más voces y más plurales. A este ejercicio se le puede llamar también "politizar", puesto que no significa otra cosa que debatir los temas de interés general en foros públicos. Se trataría de pasar de una democracia de delegación a una democracia de implicación.

En España, el marco normativo local[291] establece cauces de participación ciudadana en los asuntos públicos pero no pueden considerarse suficientes para satisfacer las demandas emergentes[292]. La participación más útil para todos, si bien más lenta y compleja que aquellas que responden a una mera simulación, es la que es fruto del contraste y la cooperación abierta, la que canaliza adecuadamente las discrepancias y la que se extiende tanto a los procesos deliberativos como al seguimiento de las actuaciones acordadas.

La ya citada periodista Elizabeth Becker, autora del relevante libro *Overbooked*[293], respondió de manera simple y clara en una entrevista a la cuestión de cuál era la mejor gestión de turismo que hay, afirmando: "La más transparente es la que les dice a los ciudadanos quién paga, quién ingresa y cuánto cuestan esos servicios"[294]. En suma, se trata de conocer la rentabilidad real del turismo y de su valor añadido.

Los ciudadanos reclaman una mayor regulación en el turismo y requieren modelos de gobernanza con enfoques más participativos —como se desprende de recientes investigaciones académicas—, especialmente en ciudades donde la turistización se hace cada vez más patente y molesta. El turismo responsable requiere que los residentes sean consultados, que perciban el valor de la actividad turística y que cuenten y se integren en el desarrollo turístico de sus comunidades.

La participación ciudadana en los asuntos turísticos o ha sido inexistente o se ha utilizado para legitimar a las administraciones públicas que empezaron a contar con su presencia en algunos foros u órganos *ad hoc* institucionalizados. Otros le han llamado a ésta práctica de los poderes públicos como "creación de consensos pasivos".

Como también sucede en otras entidades públicas, las organizaciones internacionales suelen contar con organismos de participación. Estas agencias especializadas en numerosos casos ejemplifican dicha participación y legitiman así sus decisiones cooptando a "expertos", denominados por algunos autores como *profesionales de la participación*[295]. Por eso no es tan infrecuente que algunos de estos "expertos" pululen por estos ecosistemas internacionales y se mantengan durante décadas en el ejercicio de la participación, sin que nadie evalúe o conozca con transparencia sus aportaciones y el fruto efectivo rendido a tales organizaciones y al sector turístico en particular.

La inteligencia "colectiva" o distribuida dará mejores resultados que aquellos procesos no colaborativos o que se basen exclusivamente en la opinión de los "expertos". Por cierto, el turismo parece un campo propicio para la inflación de "expertos" de todo tipo y condición auto revestidos de dicha autoridad.

Recalcamos, en suma, que tanto los procesos de decisión pública, como la gestión y las soluciones tienen que estar inextricablemente unidas a contextos democráticos que son los que contribuyen a crear más valor público.

6. La transformación de los órganos de gestión turística

Ya hemos señalado que debiera desarrollarse con mayor detalle el concepto genérico e indeterminado de "mejor gestión", al que se invoca repetidamente como mantra para resolver tantos y complejos problemas. Es imprescindible orientar mejor el buen desarrollo de las políticas públicas, tanto desde marcos supranacionales y globales como desde los propios destinos nacionales y locales. Y uno de los primeros elementos que debiera conformar el debate público sobre el turismo debiera girar, precisamente, en torno al crecimiento.

Es bien cierto, también, que la gestión ordinaria de la actividad por parte de los órganos de gestión de los destinos turísticos debe repensarse, cambiar y ponerse a la altura de los retos y transformaciones que vienen, especialmente tras la actual crisis sanitaria global.

Sabemos que la gestión del turismo en muchas ciudades y lugares reúne una considerable complejidad, pues se trata de encontrar puntos de equilibrio razonable entre los favorables efectos para las economías locales que genera la llegada de visitantes, y los efectos negativos de dichas llegadas en números excesivos para la calidad de vida local.

Los órganos de gestión de destinos (denominados en inglés, *Destination Marketing Organization* (DMO) y, últimamente, como *Destination Marketing Management Organization* (DMMO), han evolucionado en España desde que este tipo de entes se constituyeron a comienzos del siglo XX. De un inicial enfoque como servicios de información pasaron, en los años sesenta y setenta del pasado siglo, a incorporar las funciones de promoción.

Pudiera quizás fijarse en la década de los años ochenta cuando estos entes de gestión del turismo incorporaron mayoritariamente funciones de planificación. Ahora bien, a comienzos del siglo actual, de acuerdo con un informe de la FEMP:

El nivel de desarrollo de las funciones de planificación es muy diverso y va desde una planificación poco elaborada pensada en el corto plazo y basada en la preparación del presupuesto anual, hasta un conjunto de instrumentos más propio de las corporaciones más desarrolladas (plan estratégico a largo plazo, planes operativos a corto o medio plazo, indicadores, sistemas de evaluación de objetivos). La dimensión del destino y la importancia estratégica que tiene el turismo condiciona la complejidad de estos instrumentos[296].

En un trabajo más actual y de enorme interés del profesor Joan Carles Cambrils, sobre la colaboración público-privada en los entes mixtos locales de gestión y promoción turísticas en España, se afirma por el autor que estos entes que representan los intereses del destino "se dedican mayoritariamente a actividades de promoción, y dejan las políticas de planificación en manos públicas". Se afirma asimismo que, "más del 80 % se dedican también a marcar las grandes líneas estratégicas turísticas del destino"[297]. El citado profesor concluía en su trabajo que estos entes no estaban llevando nuevos servicios públicos respecto de los que ya se venían prestando con anterioridad. Y nos atrevemos a aventurar que en 2020 la situación no habrá variado de manera perceptible.

Si hacemos un recorrido retrospectivo sobre las dinámicas de funcionamiento de estos entes en España en últimos quince o veinte años podríamos asegurar que no se han caracterizado precisamente por subrayar, ya fuera en sus discursos o en sus actuaciones, los impactos sobre la actividad que ya se estaban dibujando en determinados destinos. Contrariamente, el crecimiento continuo y sistemático ha ocultado el abordaje necesario de impactos como por ejemplo, los del sobreturismo.

Muchos destinos, la inmensa mayoría, se instalaron en el crecimiento de la oferta y de la demanda, orillando otras consideraciones y los efectos derivados de estas dinámicas. Más visitantes siempre ha sido considerado un motivo de éxito en la gestión, pues los incrementos producidos en los destinos aseguraba su misión y visión economicista de la actividad. Se han buscado soluciones simples para problemas complejos a base de relaciones públicas y marketing, muchas veces como el principal compromiso con las políticas de sostenibilidad. No han percibido, o no han escuchado suficientemente, a los turistas en su destino o a los propios ciudadanos residentes.

Recuerdo con satisfacción la estrecha y muy productiva relación forjada entre el Patronato Provincial de Turismo de Huelva y la Universidad de Huelva[298], entre los años 2004 y 2008, en los que tuve la fortuna de ser Director gerente de dicho Patronato. En dichos años se articuló y puso en marcha, por vez primera, una consulta regular a los ciudadanos de la provincia de Huelva sobre la actividad turística, su percepción, oportunidades e impactos.

Sostiene el profesor de Turismo Greg Richards que, "el éxito de los destinos pasa por mejorar su realidad y no solo su imagen de marca. La promoción no funciona a menos que la realidad de un lugar coincida con su imagen. Si un lugar es bueno para vivir, también será bueno visitarlo e invertir en él"[299]. Y, en efecto, de esto se trata cuando miramos al futuro: que nuestro mundo y nuestros destinos sean mejores lugares para todos nosotros.

Tras la crisis sanitaria parece evidente que este tipo de gestión tradicional que nos ha producido situaciones de desequilibrios y amenazas latentes y de gran carga para ciudades y ciudadanos, no puede ser el mismo que pueda controlar y limitar sus efectos indeseables aquí y ahora.

Gobernar el valor público o integrar las perspectivas de los agentes implicados en la actividad son presupuesto indiscutible para el éxito en la gestión del turismo. Y en este ámbito es bien cierto que el panorama comparado es muy diverso en todas las facetas del encuentro público-privado.

La Nobel de Economía, Elinor Ostrom, ha demostrado que la tosca división Estado-privado que domina el pensamiento actual, no logra encapsular la complejidad de las estructuras y de las relaciones institucionales, que va más allá de esa división[300]. Por eso ya no es una opción, sino una necesidad, que a los tradicionales sectores y actores privados representados en los entes mixtos de gestión del turismo se unan otras expresiones sociales e institucionales más amplias relacionadas con los desafíos actuales que presenta el desarrollo del turismo, (asociaciones vecinales, ambientales, culturales, etcétera).

Es cierto que en la gestión de este tipo de órganos turísticos, la participación o colaboración público-privada no es un proceso terminado ni una práctica generalizada. Dice el profesor J. C. Cambrils que, en 2016 únicamente se habían registrado 36 entes mixtos turísticos de destino en España. Pero parece innegable que los pactos y alianzas público-privadas, con sólida estructura en su conformación y objetivos, son instrumentos valiosos para el cambio en la mejora de la gestión turística en los destinos.

7. Los residentes. En el centro de las reformas orgánicas

En esta etapa post-covid, estos órganos deberían revisar su misión con una orientación más estratégica y anticipatoria. Y en esa nueva misión los intereses generales de la ciudadanía deben estar en el centro de sus prioridades.

Aunque no hay soluciones únicas a las que acogerse, otras prioridades podrían venir de la mano de reducir más sus actividades de marketing. Por el contrario, se necesita incrementar las actividades que alimentan una mejor gestión integral del destino, analizando y comprendiendo los procesos estratégicos urbanos y cómo los destinos se desarrollan realmente, abordando los impactos de la actividad o los riesgos para los activos del destino.

Para ello, habrá que formularse previamente algunas preguntas: ¿qué impactos y evolución presenta el destino?, ¿cuáles son sus vulnerabilidades en horizontes de medio y largo plazo?, ¿en qué grado, cuándo, dónde y por qué se presentan?, ¿qué actuaciones y medidas deben adoptarse, y con quién para eliminar o minimizar sus impactos negativos de manera eficaz?

Hemos expresado que hay que involucrar de una manera decidida a los residentes locales en la gestión de estos órganos. Conflictos ciudadanos como el de la gentrificación, no es algo que por su entidad para el desarrollo sostenible del turismo y de la propia ciudad deba de ser abordado desde departamentos estancos, sino desde la más amplia participación e implicación de las diferentes áreas de gestión de las administraciones e involucrando a sectores vecinales, conociendo sus opiniones y tratando sus preocupaciones cuando surjan.

En esta reconstrucción de las dinámicas y formas de gestión, un elemento esencial será encontrar fórmulas e instrumentos de diálogo más horizontal con otras áreas dentro de las distintas administraciones públicas, una asignatura aún pendiente de aprobar.

Del mismo modo, este es un buen momento para repensar el modelo organizativo y los servicios que prestan los órganos de gestión de destinos para alinearse con los nuevos turistas que ya estaban perfilados antes de la crisis, pero especialmente con los que inevitablemente van a caracterizar este nuevo tiempo para el mundo del turismo y el ocio, y con la transformación digital que ya estaban llevando a cabo buena parte de los proveedores turísticos.

En este último aspecto, debemos reiterar nuestra convicción de que ninguna solución tecnológica podrá invisibilizar ni aparcar las necesarias reformas institucionales y organizativas porque, como bien señala Daniel Innerarity, el estrechamiento tecnológico de la inteligencia está en el origen de otras muchas equivocaciones[301].

En suma, lograr un crecimiento sostenible liderado por la innovación implica: otra mentalidad política, actuar con mayor valentía, acentuar la capacidad de explorar, experimentar y deliberar estratégicamente en el sector público[302], y otra estructura organizativa más ágil y operativa.

En este campo organizativo los retos son diversos, desde capitalizar el conocimiento que atesoran estas administraciones turísticas, a plantearse la gestión del talento, o hasta redimensionar los pesos en las plantillas que hasta hoy han venido caracterizando a estos órganos, definiendo y captando nuevos perfiles orientados a definir e impulsar su papel de órganos del conocimiento —que estudien y analicen sistemáticamente la información y los datos, que atiendan a los impactos ambientales, a la gestión del crecimiento, a la prevención y tratamiento de la seguridad o a la salud de los viajeros en el destino—.

Este conjunto de reformas supone en sí mismo una profunda transformación de estas organizaciones. Hay muchos condicionantes para intuir que la tarea no va a ser sencilla, ya que muchos de estos entes adolecen de flexibilidad en sus estructuras, todavía muy burocratizadas, no son muy receptivos o no han experimentado nuevas formas de gestión más ágiles y eficaces.

Por ello, el camino a emprender no debe excluir metodologías innovadoras para activar la inteligencia colectiva y trabajar más colaborativamente. Creemos que estos cambios son inaplazables para la necesaria reconstrucción de los destinos.

Epílogo

La reconstrucción del turismo global

1. Los retos del turismo global después de la covid-19

Aunque decidir qué cuestiones son más importantes que otras resulta fundamental a la hora de establecer una dirección para el turismo, no es tarea fácil describir los mayores retos y problemas que se manifiestan en el mundo de los viajes y el turismo, porque —como hemos señalado en páginas precedentes— hay muchos y diversos, e incluso algunos de nuevo cuño tras la aparición de la pandemia del covid-19.

Por ello, nos referiremos a cuatro o cinco cuestiones que nos parecen capitales, desde la premisa de que —parafraseando a Yuval Harari—, todos somos miembros de una única y revoltosa civilización global y por eso los grandes desafíos del siglo XXI son y serán de naturaleza global, también los del turismo.

Observamos en muchos lugares del mundo fenómenos de renacionalización o de neo-aislacionismo, de una visible tendencia a refugiarse en las fronteras nacionales más que en los espacios de la multilateralidad. Es la época del Brexit, de Trump, de la crisis de inmigración en Europa y sobre todo de la covid-19. Estas narrativas y prácticas tendrán consecuencias en el comportamiento de los viajeros a nivel global en los tiempos que vienen.

Para la ex primera ministra de Senegal, Aminata Touré, el fenómeno de la globalización está evolucionando hacia un encapsulamiento de naciones-estado abandonadas a su suerte. En su opinión: "El mito de la aldea global está cuestionado por el cierre de fronteras, las masivas repatriaciones y el parón del transporte aéreo internacional de viajeros". Touré enfatiza que "la covid-19 ha puesto de manifiesto la cara oculta de la globalización, que carece de virtudes como la solidaridad y la subsidiariedad".

Creemos que los impactos de la covid-19 no tendrán una forma única, sino que al repunte de los nacionalismos le va a acompañar una necesidad de mayor dependencia de otros espacios multilaterales. Entraremos en un mundo de interdependencias, con tensiones entre estas dos variables.

Pero debemos intentar señalar, con la necesaria prudencia, algunos retos que nos parecen de mayor entidad para el turismo global:

- ¿cómo abordar y mitigar los impactos ambientales que traen de la mano la emergencia climática y los procesos de sobreturismo?;

- ¿qué tipos de turismo ofrecen los mayores beneficios posibles al menor costo?;

- ¿cómo gobernar con justicia y equidad la prosperidad del turismo?;

- ¿cómo avanzamos en la creación de empleos turísticos más decentes?;

- ¿cómo gobernar las vulnerabilidades del turismo?;

- ¿cómo lograr un adecuado equilibrio en las ciudades turísticas entre las necesidades de los visitantes, las empresas y los residentes locales?;

- ¿cómo llevar a cabo un cambio del modelo, o la reinvención del turismo, para transitar desde un turismo extractivo a un turismo restaurador?

2. Movimientos turísticos futuros. Fenómenos que pueden condicionarlos

> "Mi visión es que dentro de 50 años los africanos seremos turistas bienvenidos en Europa y no refugiados no deseados."
>
> Nkosazama Dlamini-Zuma, presidenta de la Unión Africana, 2013

2.1 El epicentro se desplaza al Océano Índico

Aproximadamente 50.000 refugiados y migrantes africanos llegaron a Europa en 2019 atravesando las rutas del Mar Mediterráneo. Un total de 1.336 murieron o desaparecieron en el intento[303]. Por eso, el llamamiento esperanzado que hacía la activista sudafricana Dlamini-Zuma, nos parece que hoy —por pura justicia social— debiera hacerse realidad más pronto que tarde, y desde luego sin tener que esperar al largo horizonte del año 2063 para poder acabar con tanto sufrimiento.

Mientras que reflexionamos sobre esta formidable tragedia humanitaria, asistimos a la pérdida de hegemonía de Occidente frente a Asia. El epicentro del mercado mundial se está ya desplazando al Océano Índico. Antes de la covid-19, China ya era el actor internacional con mayor pensamiento estratégico del planeta[304].

La mayoría de las personas viven hoy en Asia. Para intentar formular alguna previsión sobre el futuro de los viajes deberíamos preguntarnos, entre otras cosas, dónde vivirá la mayor parte de la población mundial en el futuro y sus perspectivas económicas. Para finales de este siglo, Naciones Unidas prevé que 3.000 millones más de personas vivirán en África y 1.000 millones más en Asia.

Las personas que vivían en los últimos años en países ricos, alrededor del Atlántico Norte, representaban solo el 11 % de la población mundial, si bien constituían el 60 % del mercado de consumo con mayor capacidad de renta[305]. Este panorama ya está cambiando con el aumento de los ingresos en todo el mundo.

El potencial de China es asombroso. El crecimiento promedio de su PIB turístico anual entre 1995 y 2018 fue del 10,9 %, y representa el 16,3 % de todos los gastos mundiales por turismo. La OMT estima que para 2027, el número de personas con pasaporte en China llegará a los 300 millones, lo que equivale al 20 % de la población china[306].

Pero además de China e India, los incrementos en las clases medias más adineradas de otros países como Indonesia, Vietnam, Tailandia, Japón o Malasia, ya están anunciando despegues turísticos de largo alcance. El parón de la covid-19 nos impide aventurar cómo se van a comportar en el inmediato futuro estos mercados con sus ya adquiridos hábitos viajeros y cómo se irá, en consecuencia, reconfigurando el mapa turístico mundial.

Con el objetivo de siquiera intentar, anticiparnos al futuro, nos preguntamos: ¿qué tipologías de viajeros ganarán o perderán peso en los próximos años? Para ello se deberá, naturalmente, distinguir entre distintos horizonte temporales.

2.2 Las personas mayores tendrán mayor peso, pero más precariedad

Tendríamos que convenir que los jubilados tienen un gran peso demográfico en los países occidentales y una estimable capacidad viajera, en la medida de que la mejora de la asistencia médica en los sistemas de salud europeos ha supuesto un aumento de las esperanzas de vida y más tiempo durante el que se posponen las enfermedades relacionadas con la edad que limitan la capacidad de viajar.

Después de la covid-19, el turismo de las personas mayores estará restringido debido a su especial vulnerabilidad y además estas poblaciones estarán más sensibilizadas a no exponerse a mayor riesgo con su movilidad que otras capas demográficas de la sociedad. El hábito de pasar temporadas fuera del verano en destinos con mejor climatología será mucho más complejo y puede que sea un hábito en suspensión entre los viajeros mayores durante los próximos años. Esta circunstancia afectaría especialmente a los países del sur de Europa y a España en particular.

Refiriéndonos a ejemplos cercanos, Francia tiene 17 millones de jubilados, mientras que España cuenta 9,8 millones de pensionistas de jubilación[307], y los números no paran de crecer. En 2060, podrían representar un tercio de la población europea. Es cierto que su situación económica no es homogénea, pero debe advertirse que en casi todos los países se asiste a procesos de precarización de los jubilados, con lo cual esta circunstancia también será una amenaza creciente en sus posibilidades futuras de seguir haciendo viajes como ha sucedido hasta ahora.

Y este es otro interrogante a sumar a nuestro estado natural de incertidumbre: ¿qué pasará con los modos de vida y de ocio de las capas de jubilados en Europa? y, sobre todo, ¿qué pasará con las capas más modestas de estos jubilados con hábitos viajeros muy interiorizados?[308]

2.3 La reducción del tiempo de trabajo

Hoy en Europa apenas hay países en los que se trabaje más de 1.800 horas anuales. En España la media era de 1.687 horas, en 2017, muy por debajo de las 2.024 horas estimadas en dicho año en Corea del Sur. En el terreno de los trabajadores activos, parece probable que empecemos a ver en el inmediato futuro —quizás en una década—, jornadas laborales de cuatro días o jornadas semanales a tiempo completo de menos de 35 horas de forma más generalizada, e incluso prolongaciones del fin de semana que incluyan no trabajar el lunes por la mañana. También es previsible un incremento de los trabajos a tiempo parcial.

Asegura el catedrático de Economía Carlos García Serrano: "Trabajar más horas no nos hace necesariamente más productivos. Habría que pensar que la reducción del tiempo de trabajo es el resultado del hecho de que somos más productivos y más ricos, es decir, podemos permitirnos trabajar menos y disponer de más ocio"[309].

Jacinda Ardern, primera ministra de Nueva Zelanda acaba de sugerir a los empresarios una semana laboral de cuatro días como una forma de reconstruir el país después de la covid-19, y así fomentar el turismo interno y potenciar la economía. La dirigente neozelandesa añade que las opciones de trabajo flexibles pueden aumentar la productividad y el turismo interno y mejorar el equilibrio entre el trabajo y la vida familiar[310].

Estas sugestivas y audaces propuestas, nos interpelan a todos, ¿cómo afectarían las modificaciones que se vislumbran en las modificaciones de nuestras jornadas laborales en el disfrute del ocio y en el consumo turístico?, ¿qué pasaría, entonces, si más personas tuvieran largos fines de semana?, ¿cómo impactaría, en su caso, en los hábitos de viaje?

Otros cambios de vida predecibles pueden emerger a raíz de la covid-19, en la medida de la extensión o permanencia de las pautas del teletrabajo que, a su vez, favorecerán la movilidad de los trabajadores sujetos a este régimen laboral de una manera más normalizada. Algunos ven este fenómeno desde el posible auge de los nómadas mundiales, que requerirán estancias más largas en unidades de alojamiento más adecuadas a esta situación, como antes lo fueron los viajeros de negocio o trabajadores contratados con sus familias en los lugares a los que se hubieran desplazado.

También se puede observar el fenómeno del teletrabajo desde el impacto positivo que ha traído al aire que todos respiramos y a la propia mejora de la productividad al eliminarse el tiempo de desplazamiento al trabajo. En cualquier caso, nos parece que la mayor flexibilidad en las vidas laborales producirá, con seguridad, muchos más viajes internos y beneficios para el sector turístico.

Otra perspectiva que pudiera examinarse dentro de estas consideraciones laborales es el análisis más cuidadoso del fenómeno de las compras por encargo, que también ha sido definido como una economía cerrada o de confinamiento, y ello antes de la covid-19. Este fenómeno venía observándose en crecimiento sobre todo en los últimos años, especialmente en jóvenes urbanos que, a causa de su intensa dedicación laboral, carecían de tiempo para atender a sus necesidades cotidianas de servicios. La economía por encargo —*on demand*— está impactando en todas las industrias, y es previsible que se refuerce en la del turismo, especialmente en servicios como las compras en línea, ahorrándose así contactos directos.

Estos nuevos hábitos, que no parecen tan efímeros ni en retroceso, producían encierros generalizados en las casas y por más tiempo del que podía observarse no hace tanto tiempo. La covid-19 ha sido un tiempo propicio para intensificar, si bien por circunstancias de fuerza mayor, esos hábitos a los que ya apuntaba esa economía.

También parece previsible que los viajes de negocios y el turismo denominado MICE (Encuentros, incentivos, conferencias y ferias), vayan a sufrir especialmente las consecuencias de la covid-19 y no solo por el impacto negativo producido en las economías mundiales y, por ende, en una gran parte del sector empresarial, sino también por el aprendizaje de los flujos de trabajo desarrollados con eficacia por medios telemáticos en las propias casas durante el confinamiento.

Tal vez el escenario que llegue ahora para las reuniones de trabajo internacionales o nacionales sea que las empresas, en lugar de enviar a ocho o a diez personas para asistir presencialmente a cada reunión utilizando muchos vuelos, vayan optando por enviar a un par de ejecutivos, mientras que el resto pueda mantenerse al corriente de las reuniones con los soportes tecnológicos ya existentes.

3.   ¿Se vislumbran otras prioridades vitales?

El control y verificación de la salud tanto de viajeros como de trabajadores del sector, será parte esencial de la "nueva normalidad". La covid-19 lejos de atenuar el uso de tecnologías por parte de los viajeros, previsiblemente lo aumentará.

Las precauciones mayores ante los contactos directos y personales alimentará el uso de dispositivos digitales en la comunicación turística, tanto en los establecimientos de alojamiento —por ejemplo, con los registros de entrada y salida, la elección de la habitación, *online,* o el uso de tecnología de pulverización electrostática para esparcir desinfectantes que matan ampliamente los gérmenes en las habitaciones—, en los restaurantes, agencias de viaje y en los servicios turísticos. Los turistas demandarán destinos sostenibles y, por tanto, sanos.

Mantiene Yuval Harari que "las próximas décadas podrían estar caracterizadas por grandes búsquedas espirituales y por la formulación de nuevos modelos sociales y políticos"[311].

De la parada mundial y en seco que nos deja la covid-19, quizás podrían extraerse algunas consideraciones sobre valores y actitudes que pueden adquirir mayor atención social: la adopción de nuevas prioridades y comportamientos, un mayor sentido del cuidado a los otros y de la solidaridad con los próximos, una mayor conciencia de nuestra extrema fragilidad, la renovación de los vínculos de pertenencia, o un mayor aprecio de la austeridad. Todos estos valores y actitudes hacia lo esencial que sostiene la vida serán muy necesarias, no tanto para mover el mundo más deprisa, sino para tratar de orientarlo en una dirección más justa y común.

El economista Joaquín Estefanía escribía a propósito de la austeridad, que su sentido actual está muy alejado del que se impuso a los ciudadanos europeos en la crisis económica de 2008, y se remitía a la versión expresada en su momento por Enrico Berlinguer: "Estamos convencidos de que no es en absoluto cierto que la sustitución de determinadas costumbres actuales por otras más austeras o no derrochadoras vaya a conducir a un empeoramiento de la calidad y de la humanidad de la vida. Una sociedad más austera puede ser una sociedad más justa, menos desigual, realmente libre, más democrática, más humana"[312]. Es decir, volver a la frugalidad como vía más adecuada hacia la sostenibilidad.

4. Experiencias. ¿Serán diferentes?

Para extender actitudes responsables los cambios empiezan por un mismo: en el mundo del turismo no somos los elegidos para formar parte del exclusivo grupo de los "viajeros", antagónico del popular y poco reputado de los "turistas". Estas distinciones, por artificiales, están obsoletas. Todos somos viajeros, o todos somos turistas: iguales, pero diferentes.

No sabemos bien si después del parón de la covid-19, los lugares atractivos y las actividades que mayoritariamente motivan la realización de los viajes seguirán siendo muy similares a las anteriores a la pandemia. Muchas veces en el pasado el atractivo de los lugares y la generación de relaciones turísticas ha respondido a necesidades sociológicas que estaban en un cierto tipo de solidaridad humana y que no habían sido advertidas ni previstas por los planificadores turísticos locales. Mac Cannell explica muy bien estas cuestiones con el ejemplo de la ciudad de San Francisco:

> ¿Qué fue lo que transformó determinados lugares de la ciudad de San Francisco —Mission Dolores, Fishermans Wharf o el Barrio Chino— en el núcleo de su enorme industria turística? La clave que he estado sugiriendo es que el sitio se convirtió en el lugar de una relación humana entre individuos con ideas dispares, el lugar de un urgente deseo de compartir: una relación estrecha entre un desconocido y otro, o una generación y otra, a través del elemento local[313].

Estando muy de acuerdo con Mac Cannell, cualquiera que intente mover la cuadrícula de la experiencia humana siquiera un milímetro de sus coordenadas, muchas veces aburridas y predecibles, está en mejores condiciones para revitalizar lo turístico. Cualquiera puede descubrir los fundamentos de nuevos deseos en experiencias diferentes alejadas de las rutas comerciales y de pautas convencionales. El caso que contamos sobre Viganella en el apartado 2 de esta parte, puede ser una referencia potente de cuanto decimos.

Solo cuando los lugares se convierten en la realización de los valores colectivos más profundos de una cultura tienen el poder de sugerir sus propios mitos e inspirar nuevas fantasías[314]. Y esta pudiera ser una de las claves mirando al futuro, ¿quién o quiénes pudieran encarnar estos profundos valores colectivos después de la crisis sanitaria?

5. Seguridad turística. Ahora, sí

Un enfoque más responsable y consistente en los viajes tendrá necesariamente que asentarse entre las poblaciones viajeras, siendo previsible una cultura creciente de autoprotección, y una mayor exigencia de seguridad, que no limitará las posibilidades de satisfacción en los viajes.

Si examinamos el Top-10 de los países con mayor número de infectados por el coronavirus en el mundo, se comprueba que ocho de los mismos —Francia, España, Estados Unidos, China, Italia, Turquía, Alemania y Reino Unido— se encuentran, a su vez, en el Top-10 de los países con mayor número de llegadas internacionales de turistas en 2019 y tienen una economía turística muy robusta. Únicamente estarían fuera México y Tailandia. Esto debe tener un significado más allá de la mera casualidad. La enorme movilidad registrada en estos países ha tenido que ser un acelerador principal de la pandemia.

Todos estos países, tan demandados turísticamente, se enfrentan hoy a un grave problema de confianza sobre la seguridad que pueden ofrecer a sus potenciales visitantes. Estos destinos están en el ojo del huracán, y deben revalidar la confianza que durante muchos años depositaron en ellos millones de turistas.

¿Qué podemos entender por *seguridad turística?* Hace muchos años escribíamos que puede entenderse que hay seguridad turística cuando un conjunto de medidas, condiciones objetivas y percepciones existentes en el ámbito social, económico y político de un destino turístico, permiten que la experiencia turística se desarrolle en un entorno de libertad, confianza y tranquilidad y con la mayor protección física, legal o económica para los turistas y sus bienes y para quienes contraten servicios turísticos en dicho destino. Es decir, se trata de aspirar a una seguridad integral[315].

La seguridad que se ha analizado tradicionalmente por la literatura académica ha sido diversa y se ha extendido desde la seguridad ciudadana, a la económica, alimentaria, etcétera, sin embargo debemos reconocer que, de todos sus posibles factores desencadenantes, la doctrina sobre pandemias y turismo y sus relaciones ha sido muy escasa.

El factor de la seguridad ha sido señalado como uno de los esenciales a la hora de tomar decisiones de compra de viajes. Los turistas, es cierto, no compran riesgos que puedan aventurar y, en estos tiempos, no comprarán riesgos de posibles contagios del coronavirus. Por eso, después del trauma de la covid-19 la recuperación de la actividad no será posible sin garantizar el factor de la seguridad sanitaria, cuestión que, obviamente, trasciende de la voluntad del propio sector turístico.

Reúne interés, sin duda, considerar la perspectiva subjetiva sobre la seguridad y el grado de percepción que experimentan o construyen los ciudadanos ante múltiples contingencias. Para la mejor doctrina, la percepción de seguridad es el resultado de un complejo proceso subjetivo, de definiciones y atribuciones valorativas, es "una construcción social de la realidad"[316].

En efecto, sabemos que estas percepciones ciudadanas se construyen de forma poderosa, no tanto sobre hechos y datos objetivos, sino sobre imágenes —difundidas ampliamente a través de diversos medios de comunicación—, tópicos, y otra serie de dimensiones sociales y hasta vecinales, que implica que la relación entre seguridad y su evidencia objetiva no siempre resulte ajustada y decisiva a la hora de enjuiciar o "sentir" la seguridad. Sin duda, existe una gran desproporción entre aprensión y riesgo real.

El ex secretario general de la OMT, Taleb Rifai, dejó muy claro este importante aspecto: "El turismo es muy sensible a los riesgos, ya sean reales o meras percepciones; el maquillaje es más barato que la cirugía. La sola percepción del riesgo preocupa al sector turístico"[317].

Hay imágenes y situaciones que constituyen una preocupación social importante porque el ciudadano y el turista potencial se puede ver identificado en el puesto de quienes se encuentran en situaciones de riesgo. La percepción ciudadana depende, en suma, de las probabilidades de convertirse en víctima involuntaria de una situación indeseable y nada placentera, así como de factores como las condiciones personales, sociales, las redes de socialización y hábitos de vida y la mayor o menor vulnerabilidad al mensaje ofrecido por los medios de comunicación. Y, en este último sentido, debe reconocerse que la pandemia covid-19 ha alcanzado y sigue acaparando un espacio abrumador tanto en medios generalistas como especializados.

Desde esta perspectiva, y de acuerdo con Brooks y otros[318], las experiencias de cuarentenas vividas con motivo del coronavirus, pueden llevar a algunas personas, ¿o a muchas?, a evitar espacios y lugares públicos con mucha gente, o espacios angostos, durante muchos meses después de que los procesos de confinamiento hubieran terminado.

Las fatales consecuencias derivadas de la covid-19, tanto por los datos objetivos, con decenas de miles de vidas humanas, como por la percepción subjetiva modelada a través de imágenes profusamente difundidas por todo el mundo de una España castigada cruelmente por la pandemia, van a penalizar a España más que a otros destinos mundiales. Parece lógico pensar que, si los potenciales turistas instalasen en sus percepciones una asociación de la pandemia con un lugar o destino específico, ello tendría efectos perjudiciales para dicho destino, en términos comparativos.

En el periodo 1992-1998, como viceconsejero de Turismo del Gobierno Vasco tuve la ocasión de participar muy directamente en una notoria y audaz campaña turística en medios rotulada "País Vasco, ven y cuéntalo", que trataba de paliar los efectos destructivos para el turismo de un destino asolado por la violencia y el terrorismo. La campaña trataba de incidir en que la realidad para un turista que viajara al País Vasco no iba ser la que se imaginaban y proyectaba en los medios, difundiendo el mensaje de que su seguridad no iba a estar afectada. La campaña tuvo un éxito notable, pues se vencieron muchas resistencias y se lograron muchas complicidades sociales dentro y fuera del País Vasco, pero sabíamos que para el turismo vasco el freno establecido en la mente de miles y miles de potenciales turistas era muy difícil de eliminar y vencer.

En mi opinión, las claves de las campañas ante este tipo de situaciones tan graves no debieran centrarse tanto en los atributos y atractivos de cada destino como en los emocionales que, si se articulan adecuadamente, pueden romper barreras mentales preexistentes.

Restablecer el equilibrio entre estas dos visiones o variables del fenómeno de la seguridad, la objetiva y la subjetiva, se convierte hoy en un objetivo de política pública para el conjunto de agentes del sector turístico, para que el nivel de incertidumbre al que los potenciales turistas se vean sometidos se torne tolerable.

De aquí la suma importancia, en esta fase post-covid, de establecer igualmente medidas de refuerzo integral de toda la cadena de seguridad a lo largo de todas las etapas de los viajes, desde la fase de inspiración, hasta el post-viaje, pasando por las etapas clave de la reserva y la estancia en el destino.

Por tanto, también será fundamental que empresas y destinos adopten estrictos protocolos de seguridad que, sin duda, requerirán un gran esfuerzo de reestructuración y tratamiento de los procesos hasta ahora observados, con una nueva disciplina profesional, pero que resultan en este nuevo tiempo imprescindibles.

Un apunte final: el trabajo necesario para fijar en los potenciales clientes de un destino que su estancia será posible realizarla en un ámbito de seguridad general, ya no será suficiente abordarlo ni garantizarlo exclusivamente desde marcos locales o nacionales. Se precisarán medidas globales y coordinadas compatibles para recuperar el turismo y su seguridad en ámbitos de cooperación internacional.

6.   Comportamientos de los turistas a examen

> "Mientras que el posible beneficio a corto plazo —alimentar a más ani-
> males, hacer un viaje en avión— es individual, los costes a medio o largo
> plazo —un campo yermo e inútil, el imparable calentamiento global—
> acaban siendo compartidos."
>
> GARRETT HARDIN, en *Science*

Venimos tiempo atrás detectando una creciente preocupación y una mayor conciencia en la sociedad y en la política sobre las amenazas del cambio climático, los impactos de la pérdida de biodiversidad, y del modelo de crecimiento sin límites, que propicia a su vez fenómenos negativos de sobreturismo.

A la industria del turismo le corresponde el compromiso firme de abordar la emergencia climática, el impacto ambiental de los vuelos, y la huella ecológica del turismo en los destinos. Pero, si desde las elecciones personales de los viajeros mundiales, no se empiezan a reconsiderar las diferentes opciones y aspiraciones viajeras antes de la toma de decisiones, los daños y destrucción de lugares emblemáticos en ciudades y en la naturaleza no hará más que seguir creciendo.

En este estado de cosas, la covid-19 nos ha enseñado a todos que poner en riesgo a personas es socialmente inaceptable. Es poco probable que los seres humanos dejemos de viajar, y sería algo terrible si lo hiciéramos, pero

debemos cambiar urgentemente cómo lo hacemos. Esto nos lleva inevitablemente a plantear, entre otras cuestiones, el lugar de la aviación en un futuro
sin carbono.

El actual modelo de movilidad que está desafiando los límites del planeta,
se centra básicamente en satisfacer las pautas de consumo de una minoría a
nivel global. En el caso del Reino Unido, por ejemplo, el transporte aéreo de
pasajeros es un servicio utilizado por solo la mitad de británicos en un año
determinado, e incluso en este caso, es más probable que sea por motivos
de placer-ocio —más del 70 % de los viajes son por vacaciones—319. Pero
además, solamente un privilegiado 15 % de la población realizaba el 70 % de
los vuelos internacionales del Reino Unido. Por lo tanto, la mayoría de los
ciudadanos estarían pagando, de alguna forma, las vacaciones tomadas por
los que están mejor económicamente.

Dentro de ese modelo, no podemos descartar, dentro de las previsiones, una
reducción del número de vuelos mundiales, al menos en un escenario de
corto plazo. Si fuera así, resultará muy conveniente por razones ambientales,
pero tal reducción vendría impulsada tanto por la brutal crisis económica
que arrojará la covid-19, sobre las compañías aéreas, como por percepciones
subjetivas de seguridad por parte de los potenciales viajeros.

El profesor británico de economía política, Richard Murphy, en un reciente y
lúcido artículo se aventura a pronosticar: "toda la industria de las aerolíneas
en todo el mundo probablemente dejará de existir tal como la conocemos
antes de que termine el año" y que, "una reducción significativa en el futuro
en la demanda es la consecuencia casi inevitable del cambio que este sector
verá este año". Este profesor finalmente prevé que, "Lo que veremos es una
reversión al tipo de industria aérea que existía cuando era joven. En aquel
entonces la gran mayoría de las aerolíneas eran propiedad del Estado y exis-
tían como lo que se conoce como "transportistas de bandera nacional"[320].

Probablemente dentro de esta coyuntura tan nueva, quepan otras perspectivas en el inmediato futuro para las líneas aéreas, como las nacionaliza-
ciones, los rescates millonarios o las concentraciones empresariales. Como
decíamos en páginas precedentes, Francia ha concedido un paquete de ayu-

da muy importante para Air France, Alemania estaba estudiando el rescate de Lufthansa mediante apoyos financieros históricos, e Italia había decidido renacionalizar Alitalia y la nueva sociedad se estimaba que pudiera estar operativa ya en junio. En cualquier caso, sería inadmisible social y ambientalmente que, en la hipótesis de rescates de la índole expresada, estos no vinieran de la mano de claras exigencias de compromisos ambientales a las compañías rescatadas.

Por otra parte, debieran ponerse en marcha políticas reguladoras de la industria de la aviación, empezando por suprimir incentivos para ofrecer niveles de actividad de aviación que son fundamentalmente insostenibles, así como otras medidas que fomenten alternativas de transporte más sostenible, fundamentalmente a través de la mejora de infraestructuras ferroviarias y de la recuperación de líneas de tren nocturno, entre otras posibles opciones.

Resulta del mayor interés la creativa y exitosa campaña: *"No need to fly around the world in Germany"*[321], lanzada en 2019 por German Rail, en Alemania. Esta compañía, que proporciona servicios ferroviarios en todo el territorio alemán y transporta cerca de 150 millones de pasajeros al año, animaba a los alemanes a elegir destinos locales y visitar lugares en Alemania prácticamente idénticos a aquellos que motivaban claro interés para los viajeros alemanes, cuya visita les obligaba a recorrer grandes trayectos en avión a través del mundo para conocerlos y fotografiarlos.

En fin, no parece discutible que cada uno de nosotros tiene la facultad de cambiar sus costumbres, desde plantar árboles en nuestras comunidades, a reducir el consumo de plástico o a tomar menos vuelos, al ser cada vez más consciente de su huella de carbono profundamente destructiva. Para llegar a "los otros" no resulta imprescindible recorrer 10.000 km en avión. En el tiempo de confinamiento de la covid-19 hemos aprendido, curiosamente, a llegar con mayor facilidad a los otros, sin desplazarnos de nuestras casas. Y esto nos llevará a valorar más, entre otras cosas, los turismos locales y de cercanía.

Dice la socióloga Olivia Muñoz-Rojas que, "el *zeitgeist* o espíritu de nuestro tiempo, marcado por la paulatina toma de conciencia de la emergencia climática y la necesidad de adaptar nuestro modo de vida a ello invita a la sobriedad: hacer lo mismo, o más, con menos recursos y en condiciones medioambientales crecientemente adversas"[322]. El tiempo dirá si una cierta vuelta a la frugalidad unida a las preocupaciones ambientales en nuestra sociedad influyen realmente en la mitigación de los actuales impactos negativos. También observaremos qué consecuencias se hayan derivado para el mundo de los viajes.

Hasta ahora fenómenos sociales como los de la emulación o imitación se han asumido para explicar demandas en amplios sectores de la población. En este sentido, los viajes de los prescriptores han desplegado enorme atención. Muchas formas de consumo y, en particular del consumo turístico, vienen de prácticas que se han considerado "normales", como volar a lejanos lugares del mundo sin preocupación alguna por los consumos fuertes de energía, o realizar cruceros en enormes buques muy contaminantes. Al mismo tiempo, no se ha generalizado la consideración del transporte público como una prioridad, allá donde fuera posible.

Por ello, cambiar nuestros hábitos de manera sustancial no va a resultar tan rápido ni tan sencillo, sino que exigirá un cambio cultural en esta era del post-turismo.[323] Pero debemos pensar y debatir sobre el complejo dilema responsabilidades individuales versus responsabilidades colectivas, sin renunciar a la intervención sobre las prácticas sociales.

Con regulaciones eficaces gubernamentales que tengan su lente en el cambio climático será más factible lograr resultados que dejarlo todo a la mera moralidad o responsabilidad individual o a la petición a los ciudadanos para que actúen contra sus primarios intereses.

Parece patente que el camino para reconsiderar aspectos esenciales de nuestro modo de vida occidental surgirán muchas contradicciones entre pensar y desear un planeta a preservar por todos, y entre los naturales deseos de visitar, en nuestro bien ganado tiempo de ocio, lugares bellos en parajes remotos o viajar cuatro veces al año a nuestra segunda residencia.

Nos parece que la covid-19 va a traer, entre sus consecuencias, una mayor conciencia ambiental en muchos viajeros mundiales y ese impulso va a producir transformaciones a corto y medio plazo en sus comportamientos. Otra cosa diferente, y que está por demostrar, es si ese cambio en las personas implicará una transformación sustancial del sistema turístico, algo sobre lo que desde ahora anunciamos nuestro abierto escepticismo.

Conociendo la condición humana y la dificultad —cuando no incapacidad— demostrada históricamente para corregir errores, hay quienes ya auguran que tras la covid-19 la industria aeronáutica, por ejemplo, se recuperará e incluso reanudará su trayectoria ascendente de CO_2, más rápido de lo esperado.

La ministra de Conservación e Información de Tierras de Nueva Zelanda, Eugenie Sage, decía que, "aumentar los aterrizajes de aviones y expandir las actividades comerciales en tierras de conservación no puede durar para siempre. Hay un límite. Si vas a un concierto y el local está agotado, no puedes ir"[324]. En Nueva Zelanda, las personas que llegan al país deben aceptar la "Promesa de Tiaki"[325] en la que se comprometen a ser buenos guardianes del medio ambiente durante su viaje.

Se trata sencillamente de "proteger", una palabra maravillosa que debiera ser indisociable del término turismo. No se trata de dar un manual de instrucciones al viajero, sino que es una forma de poner a estas personas en una determinada mentalidad y actitud cuando llegan al destino. Estos mensajes y prácticas son especialmente necesarios en tiempos del covid-19 donde la palabra *proteger* o *cuidar* ha adquirido un sentido más profundo.

El replanteamiento a fondo del concepto, muchas veces manoseado, de *turismo responsable* nos convoca a todos los viajeros y a toda la industria turística. Debemos ser responsables de los impactos de nuestras decisiones, de decidir ir o no ir a lugares donde la estructura ecológica es frágil y causaremos daños.

Una de las vías posibles para elecciones más responsables por parte de los viajeros podría centrarse en la implantación y extensión de certificaciones rigurosas, claras y reconocidas en el ámbito europeo y global, sobre establecimientos, productos, servicios, medios de transporte turísticos, que se acrediten como justos, seguros y sostenibles. Existen ya buenas experiencias en el mundo funcionando y en prácticamente todos los subsectores de esta industria. Un ejemplo a reseñar pudiera ser, entre otros muchos, el del programa de certificación hotelera GreenSign, en Alemania[326].

7. Otras formas de vivir, otras formas de viajar

> "Nadie vivirá para trabajar pero todos trabajarán para vivir;
> los economistas no llamarán *nivel de vida* al nivel de consumo,
> ni llamarán *calidad de vida* a la cantidad de cosas…"
>
> Eduardo Galeano

Es crucial repensar el turismo como una actividad de bajos impactos. Para ello, las políticas turísticas deben estar muy conectadas con las políticas medioambientales y de transición ecológica de sus respectivos ámbitos territoriales. Esa sería una ubicación institucional para el turismo más apropiada que con otras asociaciones hasta ahora dominantes en la trayectoria de la gestión pública del turismo.

Al tiempo, debe subrayarse que, antes de la covid-19, menos de la mitad de los países mundiales tenían políticas de sostenibilidad, y que muy pocos países tenían presupuestos para implementar políticas ni preparación técnica suficiente para gestionar los impactos de la huella del carbono del turismo[327]. Del mismo modo, ya no resulta suficiente ni coherente situar el foco público en la sostenibilidad, y fijar al mismo tiempo que la prioridad es seguir creciendo sin control o límite en las cifras turísticas. El papel ni puede ni podrá aguantarlo todo indefinidamente.

Son, afortunadamente, muy saludables las intenciones del actual Comisario europeo, Thierry Breton, cuando afirmaba ante el Parlamento Europeo, el 21 de abril de 2020:

El turismo debe estar en el corazón del Acuerdo Verde Europeo y promover el turismo sostenible frente al *sobreturismo* que se puede observar en ciertas ciudades o regiones. Se tratará de encontrar un equilibrio entre la preservación de los ecosistemas turísticos y las realidades económicas. Soy muy consciente de la dificultad de tal cambio que ir acompañado de una nueva política europea sobre movilidad turística y un fuerte compromiso a nivel local.[328]

También habrá que insistir en que la transición hacia una economía descarbonizada no debiera realizarse a costa de la competitividad empresarial. Indicaba Emma Navarro, responsable del área climática del Banco Europeo de Inversiones, que dicha transición "no es solo imprescindible y necesaria para el planeta, sino que también es positiva para Europa desde un punto de vista económico y de competitividad". Y un empresario de referencia en el mundo del turismo en España, como el CEO de Meliá Hotels International, Gabriel Escarrer, mostraba su convencimiento de que hay un antes y un después del coronavirus en la forma de consumir viajes, asegurando que, "una de las pocas cosas buenas que va a tener esta crisis es que nos vamos a replantear nuestro modelo de consumo y vamos a tener mayor sensibilidad por la sostenibilidad"[329]. Ojalá este mensaje abra muchos oídos dentro del sector turístico español.

Hasta ahora, y lamentablemente, sólo unos pocos líderes en el turismo global están trabajando de manera activa y comprometida para tratar de contribuir a reducir las emisiones. Por ello, se necesitará una combinación de iniciativas voluntarias para todo el sector y políticas gubernamentales coherentes para generar el cambio de largo alcance necesario.

El reto reside en cambiar a fondo nuestras políticas y prácticas, su evaluación, su persistencia y su financiación, para cambiar la curva dramática de la contaminación del planeta.

8.   Contexto previsible

La pandemia y el largo confinamiento están propiciando un clima predictivo al que se suman numerosos actores del sector turístico para proyectar la dimensión de los cambios que la covid-19 va a dejar en la industria de los viajes. La fluidez del intercambio de visiones y la puesta en común de distinto pensamiento ha sido una buena lección de la crisis. Se han escuchado posiciones tan interesantes como antagónicas, y también algunas —las menos— muy a ras de suelo, limitadas a intereses corporativos cortoplacistas, que si bien son comprensibles ante la enorme dificultad de los retos que se avecinan, no están a la altura de este tiempo.

Tenemos que reconocer que este ejercicio predictivo conlleva también un enorme voluntarismo, puesto que desconocemos elementos clave para intentar acercarse a un pronóstico verosímil. Bien decía Karl Popper que, si pudiésemos predecir lo que vamos a saber, ya lo sabríamos.

Quienes anticipan mayores mutaciones defienden que estamos ante un cambio de modelo que "ya no funciona más", que la industria turística española debiera ser menos dependiente de la llegada de viajeros extranjeros (actualmente estimada en un 50 % de su actividad), sabiendo que ello implicaría una enorme reestructuración de la economía española, y que llevaría implícita una reconversión profunda del empleo turístico existente[330].

Se argumenta que el cambio debe implicar caminar hacia servicios más sostenibles y menos vulnerables. La disyuntiva, en el caso español, es si se debiera continuar con la enorme especialización y dependencia económica del sector turístico, concediéndole prioridad estratégica para salvar un ecosistema económico y social tan relevante[331].

Desde la OMT se aventura un escenario para 2020 muy negativo, con caídas en las llegadas internacionales que oscilan, en función de la duración de la pandemia y del grado de restricciones en la movilidad y cierres de fronteras, entre el 58 % y el 78 % en las llegadas internacionales de viajeros[332].

Otros sectores que vislumbran grandes cambios tras la grave crisis sanitaria, mantienen que no estamos ante una interrupción temporal sino que estamos ante el comienzo de una forma de vida completamente diferente, con menos viajes que quemen carbono, con más cadenas de suministro locales, con más senderistas, caminantes y ciclistas[333]. También, organizaciones ecologistas otean en el horizonte un turismo de distancias más cortas, de tiempos más largos y más manejable, con sistemas de transporte más limpios.

Sin embargo, desde ciertos sectores académicos no se percibían, al menos antes de la covid-19, grandes alteraciones en los escenarios turísticos a medio plazo. Estos sectores estimaban que para 2030 la cara global del turismo será como la de sus participantes, alterado alrededor de los bordes y en algunas características clave, pero todavía reconocible en comparación con la forma actual. Los desafíos y los problemas que se enfrentarán en 2030, aventuran, es muy probable que sean los que enfrenta el turismo hoy en día, aunque con diferentes énfasis[334]. Quizás estas aproximaciones se acerquen más a lo que será el futuro turístico global a corto y medio plazo.

En función de los cambios que se produzcan en los ciudadanos tras este dramático paréntesis económico y social, podremos ver si la configuración mental de los viajeros continuará fijada en los caminos trillados o si, por el contrario, alumbrará nuevas e inesperadas avenidas que cambien sustancialmente el turismo del futuro.

No se tratará, en adelante, de evitar que las personas viajen, sino de promover otras formas de vivir y otras formas de viajar. Los viajes no desaparecerán. La cuestión radicará en ser capaces de ofrecer destinos y actividades turísticas que sean tan seguras, como verdes y sanas.

¿Seguirá necesitando la mayoría de la población con rentas disponibles para viajar, recorrer todo el mundo para visitar los iconos turísticos señalados en los imaginarios colectivos del consumo turístico?, ¿querremos volver a seguir haciendo lo que hemos hecho tantas veces y que parece daba sentido a buena parte de nuestra existencia?, ¿Renunciaremos a que las calles y plazas de esos lugares soñados sigan sin nosotros?

A causa del coronavirus, por vez primera, los viajes están globalmente con el botón de pausa presionado. Poco a poco, como después de un interminable letargo, se empieza a pulsar el botón de reinicio. Antes de mirar al primer pantallazo, sería oportuno que nos preguntásemos honestamente: ¿cómo queremos construir nuestro futuro?, ¿está todavía en nuestro horizonte, a medio plazo, alcanzar récords de turistas cada año?, ¿podremos seguir permitiéndonos seguir instalados en este modelo de crecimiento?, ¿podríamos plantearnos con audacia el reto colectivo de orientar nuestros destinos para que sean ejemplos internacionales de sostenibilidad ambiental y seguir siendo líderes turísticos en las clasificaciones mundiales?, ¿sabremos aprovechar esta nueva oportunidad?

Notas

Introducción

1   La organización Eurocontrol ilustra perfectamente la magnitud del desplome aéreo producido a raíz de la pandemia del coronavirus: el 8 de marzo de 2020 se registraron 24.652 vuelos en Europa; el día 1 de mayo de 2020 apenas se registraron 3.383 vuelos. En España, si comparamos la media del movimiento de tráfico semanal para el día 8 de marzo de 2020 respecto del año anterior, observamos que había descendido un tímido 1,5 %; no obstante, la media registrada el 1 de mayo de 2020 en relación a la misma fecha del año anterior, sufre una caída estrepitosa del 94,9 %. https://www.eurocontrol.int/Economics/DailyTrafficVariation-States.html.

Parte I

2   Argüello, Javier. "Querido Marco Polo", *El País,* "El Viajero", 27 de marzo de 2020.

3   Institute for Economics & Peace. Global Peace Index 2019: Measuring Peace in a Complex World, Sydney, June 2019. Available from: http://visionofhumanity.org/reports (accessed Date Month Year).

4   https://www.mfa.gov.af/about-afghanistan/tourism.html.

5   https://www.theguardian.com/global-development/2019/sep/06/south-sudan-turns-to-tourism-in-bid-to-draw-line-under-past-unrest.

6   Índices de llegadas internacionales de turistas de la Organización Mundial del Turismo (OMT) y de países más competitivos del mundo en viajes y turismo, del World Economic Forum (WEF). https://es.weforum.org/agenda/2019/09/estos-son-los-paises-mas-preparados-para-el-turismo-del-mundo.

7   https://elpais.com/diario/1985/01/27/opinion/475628408_850215.html.

8   A través del Índice Global de Pobreza Multidimensional de 2019 (salud, educación, nivel de vida).

9   http://www.tchad.org/aid/problems.html.

10   En el balance anual de la publicación de OMT, "Panorama del turismo internacional (2019)", se observa que hay 59 países que no declaraban en dicha fecha el número de sus llegadas internacionales. Del resto de países que remitieron sus datos a la organización internacional se ofrecen los datos. https://www.e-unwto.org/doi/pdf/10.18111/9789284421237.

11   http://www.visitmontserrat.com/discover.

12   Net, Oriol, "Elogio del turismo de masas". http://revistatreball.cat/elogi-del-turisme-masses/ 3 noviembre 2016.

13   Ortega Y Gasset, José. "La rebelión de las masas", Edición Espasa Calpe. Selecciones Austral, Madrid, 1930.

14   Pérez-Reverte, Arturo. "La Europa que estamos matando", *El Semanal,* 24 de diciembre 2017: https://www.xlsemanal.com/firmas/20171203/perez-reverte-la-europa-estamos-matando.html.

15   Unamuno, Miguel de. "Andanzas y visiones españolas". *Ciudad, campo, paisajes y recuerdos,* Alianza Editorial, Madrid, 2006.

16   Mac Cannell, Dean. "El turista. Una nueva teoría de la clase social", Melusina, 1976.

17   Zeldin, Theodore. "Los placeres ocultos de la vida". Plataformas editorial, 2015. Barcelona.

18   https://datos.bancomundial.org/indicador/sp.pop.totl   7.594.000 (2018).

19   Taibo, Carlos. "El decrecimiento explicado con sencillez", Catarata, Madrid, 2019.

20   https://population.un.org/wpp/.

21   Buenos datos para el análisis de este problema a nivel global se encuentran en el mapa interactivo de la Densidad de la Población Mundial de Duncan Smith: http://luminocity3d.org/WorldPopDen/#3/12.00/10.00) o en la herramienta de comparación de datos del Banco Mundial   (https://data.worldbank.org/indicator/EN.POP.DNST?locations=NL-GB-BD.

22   Rae, Alasdair. "¿Crees que tu país está lleno de gente?. Estos mapas revelan la verdad sobre la densidad de población en toda Europa", *The Conversation,* 23 enero 2018: https://theconversation.com/think-your-country-is-crowded-these-maps-reveal-the-truth-about-population-density-across-europe-90345.

23   Muñoz Molina, Antonio, "En la España sin nadie", *El País,* 23 abril 2016: https://elpais.com/cultura/2016/04/19/babelia/1461071676_157409.html.

24   Grasso, Daniele y otros, "Así ha cambiado la población en España desde 2009, por municipios y distritos", *El País,* 23 de enero 2020: https://

elpais.com/sociedad/2020/01/22/actualidad/1579682422_850330.html.

25   Maroto Illera, Reyes. "Reto demográfico, una prioridad de país", *Público*, 20 de julio de 2019: https://blogs.publico.es/dominiopublico/29178/reto-demografico-una-prioridad-de-pais/.

Parte II

26   Ortega y Gasset. Vid. op. cit.

27   De Waal, Frans B. y otros. "Problemas de masificación", *Investigación y ciencia*, 2000.

28   Jaén, Pedro. "En torno al hombre masa", Biblioteca Nueva, Madrid, 2011.

29   Sudjic, Deyan. "El Lenguaje de las ciudades", Ariel, Barcelona, 2017.

30   Glaeser, Edward. "El triunfo de las ciudades", Taurus, Madrid, 2011.

31   Borja, Jordi, y otros (Editores). "Ciudades resistentes, ciudades posibles". Hernández Pezzi, Carlos. Editorial UOC, Barcelona, 2017.

32   Borja, Jordi y otros (Editores) "Ciudades resistentes, ciudades posibles". Belil, Mireia. "La ciudad es la gente, una nota sobre Jane Jacobs", Editorial UOC, Barcelona, 2017.

33   Brossat, Ian. "Airbnb.La ciudad uberizada", Katacrack, 2019.

34   Es recogido por vez primera en la Nueva Agenda Urbana de las Naciones Unidas, nacida de su Cumbre sobre la *Vivienda y el Desarrollo Sostenible Hábitat III*, de 2016.

35   Brossat, I. 2019. Vid. op. cit.

36   Guilluy, Christophe. "No society. El fin de la clase media occidental", Taurus, Madrid, 2019.

37   Borja, Jordi 2017, Vid. op.cit en nota n.º 36

38   Guilluy, C. 2019, vid. op. cit.

39   De acuerdo con estimaciones del World Travel and Tourism Council (WTTC).

40   Merino, Isidoro. "¿Quién inventó las vacaciones? El turismo de masas cambió para siempre el mundo". 18 de marzo de 2019. https://elpais.com/elpais/2019/03/18/viajero_astuto/1552896596_618380.html.

41   Judd, D. y Feinstein, S. 1999 Vid. op. cit.

42   Judd, D. y Feinstein, S. 1999. Vid. op. cit.

43   Yanes, S. Turismografias, OACU. Número 1, 2017: https://mareaurbanabcn.wordpress.com/2017/04/25/malditas-masas/Malditas Masas.

44   https://www.london.gov.uk/press-releases/mayoral/car-free-zones-in-london-as-cc-and-ulez-reinstated.

45   "Plan estratégico de turismo de Barcelona 2020". https://ajuntament.barcelona.cat/turisme/sites/default/files/documents/es_170710_resumenejecutivo.pdf.

46   "Así, el centro se reconvierte en un espacio en el que el visitante ocasional y el turista dejan de ser extranjeros para convertirse en un activo financiero que segrega divisas, al que se le brindan esos lugares que aparecen en los medios de comunicación y se les hospeda en las viviendas que habitaban los que sostuvieron esos lugares para que no fueran destruidos por el insistente bombardeo del capital". Sorando, Daniel y Ardura, Álvaro. "First we take Manhattan. La destrucción creativa de las ciudades", Editorial Catarata, Madrid, 2016.

47   Borja, Jordi 2017, Vid. op. cit.

48   Borja, Jordi. 2017. Vid. op. cit. en nota n.º 36.

49   Sorando, D. y Ardura, A. 2016 Vid. op. cit.

50   Estudio de la consultora Christie& Co., en el artículo "Aquí se hospedan los jóvenes turistas". El País Negocios, 1 de marzo de 2020.

51   Barbería, J. L. "Turismofobia, ciudades de alquiler". El País, 6 de agosto de 2017. https://elpais.com/elpais/2017/08/06/eps/1501970746_150197.html.

52   Sorando, D. y Ardura, A. Vid. op. cit. 2016

53   Lestegás, Iago. "Cuando el turismo te echa de tu casa". Contexto CTXT, Madrid, 23 de mayo de 2017.

54   "Ya casi no quedan vecinos en las Ramblas". Cadena SER, Programa "A vivir". 10 febrero 2019 https://play.cadenaser.com/audio/001RD010000005407237/.

55   "Socio-Economic segregation in European capital cities. Increasing separation between poor and rich"(2015) https://doi.org/10.1080/02723638.2016.1228371.

56   Harvey, D. "Ciudades rebeldes. Del derecho de la ciudad a la revolución urbana", Akal, Madrid, 2013.

57   Borja, Jordi. 2017. Vid. op. cit.

58   "El 'big data' confirma los factores clave de las ciudades dinámicas 50 años después", 4 de abril de 2016: arxiv.org/abs/1603.04012: The Death and Life of Great Italian Cities: A Mobile Phone Data Perspective.

59   Jane Jacobs había propuesto, en relación con las causas del declive gradual de muchos centros de las ciudades cuatro condiciones esenciales para una vida urbana dinámica, que solo podría florecer en ciudades cuando el entorno físico fuera diverso. Jacobs proponía que los distritos de la ciudad cumplieran con más de dos funciones para que atrajeran a personas con diferentes propósitos en distintos momentos del día y la noche.

60   Lamo de Espinosa, Emilio. "La indignación no encuentra respuestas". *El País,* "Ideas". 1 de marzo de 2020.

61   laneras, K. "Estos son los puntos con más turistas de España", 14 de agosto de 2017: https://elpais.com/politica/2017/08/11/ratio/1502462557_301205.html.

62   Pack, Sasha D. "La invasión pacífica. Los turistas y la España de Franco", Editorial Turner, 2009.

63   Krippendorf, Jost. "The Holiday Makers", Butterworth Heinemann: Zurich, 1984.

64   Kiani-Kress, Rüdiger y Delamaide, Darrell. "Turistas, iros", *Handelsblatt global,* 5 de noviembre de 2017: https://global.handelsblatt.com/companies/tourists-go-away-847236.

65   "Sobreviviendo al turismo": "El objetivo de esta campaña es denunciar las injusticias sociales y la desigualdad espacial que provoca la actividad turística en Sevilla. Además, hacemos un llamamiento a la autoorganización de toda la vecindad en sus asociaciones más cercanas para luchar por su derecho a permanecer en sus barrios y a unirse a nosotras en el debate y la reflexión sobre la ciudad que queremos construir y disfrutar. Porque #SevillaNoSeVende": https://cactusevilla.wordpress.com/2018/05/15/sobrevivienda-al-turismo/.

66   Ginard, A. "O sobran turistas, o falta espacio", 2 de noviembre de 2018: https://www.ultimahora.es/noticias/economico/2018/11/02/1035671/sobran-turistas-falta-espacio.html.

67   Moure, Iñaki, *Diario de Mallorca*, 6 de febrero 2018: https://www.diariodemallorca.es/mallorca/2018/02/06/frontera-cuidado-transmitir-idea-hay/1285385.html.

68   Aurelio Vázquez en la Jornada Profesional "Perspectivas del sector hotelero en Baleares", 24 de abril de 2018: https://www.hosteltur.com/127809_aurelio-vazquez-turismofobia-hace-dano-espana-sus-rivales.html.

69   https://www.larazon.es/local/andalucia/expertos-no-creen-que-la-turismofobia-llegue-a-andalucia-BK18656711. Expertos no creen que la «turismofobia» llegue a Andalucía L. R. A. Málaga. *La Razón,* 11 de junio de 2018.

70   https://www.ciudadanos-cs.org/prensa/rivera-ser-espanol-es-tener-una-sanidad-igual-y-de-calidad-para-todos-y-ser-educado-en-nuestras-lenguas-cooficiales-de-espana/10723?lg=va.

71   MacCannell, Dean. *El turista. Una nueva teoría de la clase social.* Melusina, 1976.

72   http://www.albasud.org/noticia/es/1027/manifiesto-fundacional-de-la-red-set-de-ciudades-del-sur-de-europa-ante-la-turistizaci-n.

73   Dickinson, Greg. "El año en que el turismo rompió el mundo y por qué lo peor está por venir", 8 de noviembre de 2018: https://www.telegraph.co.uk/travel/comment/overtourism-2018-the-year-tourism-broke-the-world/#comments.

74   Broc, Òscar. "El síndrome del turista lento". Time Out, 8 de mayo 2017.   https://www.timeout.es/barcelona/es/blog/el-sindrome-del-turista-lento-050817.

75   Handke, Peter. "Fantasías de la repetición", Editorial Prames, Zaragoza, 2000.

76   Delgado, Manuel. "Turistofobia", *El País,* 12 julio de 2008: https://elpais.com/diario/2008/07/12/catalunya/1215824840_850215.html.

77   Comentario de un lector de *The Guardian:* "No hay nada malo con el turismo, pero cuando llegas a una repentina cascada de miles de personas en el centro de la ciudad que no gastan mucho, es comprensible que los lugareños e incluso los demás turistas se enojen". KETTLE, Martin. "El turismo de masas está en un punto de inflexión, pero todos somos parte del problema". 27 noviembre 2017. (https://www.theguardian.com/commentisfree/2017/aug/11/tourism-tipping-point-travel-less-damage-destruction.

78   Rosa, Isaac. "¿Turistas, go home"?, *El Diario.es,* 13 de abril de 2017: https://www.eldiario.es/zonacritica/turistificacion_airbnb_gentrificacion_6_632796722.html.

Parte III

79   Judd, D. y Feinstein, S. 1999. Vid. op. cit.

80   También Internet fue un instrumento a través del cual el sector turístico impulsó la venta de viajes. Los sistemas de reservas computerizados facilitaron, sin duda, los viajes al hacerlos a partir de la década de los sesenta más baratos y flexibles. Los denominados "CRS" *(Computer reservation systems)* supusieron un auténtico impulso para la actividad turística mundial, los sistemas de reserva y distribución aérea.

81   Mazzucato, Mariana. "El valor de las cosas", Taurus, Madrid, 2019.

82   Estefanía, Joaquín. "Refundar el capitalismo, otra vez". El País, Babelia, 29 de febrero de 2020.

83   Sánchez-Silva, Carmen. "Cómo medir de forma más justa la economía". *El País,* Madrid, 26 de enero de 2020: https://elpais.com/economia/2020/01/24/actualidad/1579870950_561660.html?ssm=TW_CC.

84   Guilluy, Christophe. "No society. El fin de la clase media occidental". Taurus.Madrid, 2019.

85   Harari, Yuval Noah. "21 lecciones para el siglo XXI", Debate, Barcelona, 2018.

86   "Europa hizo miles de millones de turistas. Ahora los está alejando.", *Mundo Europa Time,* 6 de agosto de 2018: http://time.com/magazine/south-pacific/5349687/july-26th-2018-vol-192-no-5-international/.

87   Taibo, Carlos. "El decrecimiento explicado con sencillez". Catarata, Madrid, 2019.

88   https://www.hosteltur.com/134009_el-nuevo-gobierno-y-los-empresarios-turisticos-inician-un-no-viazgo-fragil.html.

89   https://www.elmundo.es/economia/2018/02/02/5a719804468aeba1018b4580.html.

90   Taleb Rifai al inaugurar la Cumbre Ministerial de la Organización Mundial del Turismo (OMT) en la World Travel Market 2017, sobre la saturación turística.

91   Martínez-Bascuñán, Máriam. "Narrar el mundo", *El País,* 10 de enero de 2017. https://elpais.com/elpais/2017/01/09/opinion/1483964006_772995.html?id_externo_rsoc=TW_CC.

92   González, Francesc y Morales, Soledad. *Dossier:* «Claves para entender el turismo de hoy», coordinado por Número 7 (mayo, 2017). Gascón, Jordi. "El mundo es finito, también para el turismo. Del multiplicador turístico al conflicto redistributivo", UOC, Oikonomics: http://oikonomics.uoc.edu/divulgacio/oikonomics/es/numero07/dossier/jgascon-ecanada.html.

93   Stiglitz, J. Sen, A., y Fitoussi, J.P. "Medir nuestras vidas", RBA, 2013.

94   Taibo, C. Vid. op. cit. 2019.

95   Laurent, Éloi. "¡Ha vuelto el crecimiento! ¿Y qué? Las decisiones en Europa se toman con datos parciales. Cuando los líderes políticos confían en indicadores limitados la democracia está en peligro", Social Europe. J. R. Mora, 31 de enero de 2018.

96   Smith, Jeremy. "El destino con soluciones para el sobreturismo, el cambio climático y el bienestar", 23 de octubre de 2018: https://news.wtm.com/the-destination-with-solutions-to-overtourism-climate-change-and-wellbeing/.

97   "The search for an alternative to GDP to measure a nation's progress – the New Zealand experience". The Conversation. 3 de junio de 2019.http://theconversation.com/the-search-for-an-alternative-to-gdp-to-measure-a-nations-progress-the-new-zealand-experience-118169.

98   Sánchez-Silva, C. Vid. op. cit., 2020.

99   https://www.e-unwto.org/doi/pdf/10.18111/9789284421237.

100   https://www.caixabankresearch.com/la-emergencia-de-la-clase-media-cosa-de-emergentes.

101   Smith, Oliver. "Fuera de Hungría, de Macao, cómo ha cambiado el mapa de viaje desde 1990", 6 de febrero de 2018: https://www.telegraph.co.uk/travel/comment/how-the-travel-map-has-changed-since-1990/.

102   http://visionofhumanity.org/app/uploads/2019/06/GPI-2019-web003.pdf.

103   "La reacción contra el *overtourism.* Más gente que viaja, y muchos visitando los mismos lugares", *The Economist,* 27 de octubre de 2018: https://www.economist.com/international/2018/10/27/the-backlash-against-overtourism.

104   Muñoz, Ramón. "El dilema de las aerolíneas: atrapadas entre el 'low cost' y el 'efecto Greta". El País, 9 de febrero de 2020. https://elpais.com/economia/2020/02/07/actualidad/1581090196_373920.html.

105   https://time.com/magazine/south-pacific/5349687/july-26th-2018-vol-192-no-5-international/.

106   Torres, M. E. *El País.* Icon, 31 marzo de 2020: https://elpais.com/elpais/2020/03/28/icon/1585405524_501685.html.

107   https://www.miteco.gob.es/images/es/180206economiacircular_tcm30-440922.pdf.

Parte IV

108   Pack, S. D., Vid. op. cit., 2009.

109   Gaviria, M. Vid. op. cit., 1996.

110   "Desde 1950, década que marca el inicio del ciclo desarrollista y aperturista del país, el turismo se ha configurado como una marca de prosperidad y empleo, de infraestructuras admiradas en el mundo entero, de democratización de los hogares y de espíritu de acogida cuya suma no tiene hoy rival en el planeta", Gallardo, F. Vid. op. cit., 2017.

111   "De acuerdo con algunas encuestas realizadas en España, el 54 % de los encuestados consideraba que el turismo era extremadamente importante para la economía española, y para otro 43 % el turismo era muy importante". "Encuesta de YouGov para Hosteltur", Hosteltur, 1 noviembre de 2018: https://www.hosteltur.com/109558_en-una-escala-de-1-a-10-que-puntuacion-da-la-sociedad-espanola-al-turismo.html.

112   Gaviria, M. Vid. op. cit., 1996.

113   *Wall Street Journal,* vid. op. cit., 2018.

114   Pack, Sasha D., Vid. op. cit., 2009.

115   Krippendorf, Jost. Vid. op. cit., 1984.

116   Trillas, Ariadna. "Cerrado por saturación turística", *El diario.es,* 19 julio de 2018. "Manifiesto fundacional de la Red Sur, formado por entidades y colectivos de distintos puntos del sur de Europa": https://www.eldiario.es/alternativaseconomicas/Cerrado-saturacion-turistica_6_790280969.html .117. Como se expresaba en un artículo de *The Economist:* "Si los dólares de los turistas aumentan el costo de la vida, los locales pueden tener un precio", *The Economist,* vid. op. cit., 2018.

118   Mazzucato, Mariana. Vid. op. cit., 2019.

119   J. Gascón, en González, F. y Morales, Soledad, Vid. op. cit., 2017.

120   Mazzucato, Mariana. Vid. op. cit, 2019.

121   El profesor de turismo Christian Laesser, de la Universidad de St. Gallen en Suiza, entre otros muchos acedémicos, se ha manifestado en este sentido:"How Tourists Are Destroying the Places They Love", *Spiegel Online International,* 21 de agosto 2018: https://www.spiegel.de/international/paradise-lost-tourists-are-destroying-the-places-they-love-a-1223502.html.

122   https://www.washingtonpost.com/travel/2020/05/06/city-is-ours-again-how-pandemic-relieved-amsterdam-overtourism/.

123   Vid. Lista de AVF INE. Indicadores urbanos, 29 de mayo de 2019.

124   Barbería, J. L. Vid. op. cit., 2017.

125   Insee y Observatoire des inegalités, septiembre de 2017.

126   Guilluy, Christophe. Vid. op. cit., 2019.

127   Judd, Dennis y Fainstein, Susan. Vid. op. cit., 1999.

Parte V

128   Pack, Sasha D. Vid. Op. cit., 2009.

129   "Los españoles pasan 32 millones de horas al año haciendo cola para ver y fotografiar lugares turísticos", *El Mundo,* 28 julio de 2018: https://www.elmundo.es/viajes/el-baul/2018/07/28/5b4e220d468aebfe6b8b461e.html#.

130   Dickinson, Greg. "El año en que el turismo rompió el mundo y por qué lo peor está por venir", *The Telegraph,* 8 de noviembre de 2018: https://www.telegraph.co.uk/travel/comment/overtourism-2018-the-year-tourism-broke-the-world/#comments.

131   Maccannell, Dean. Vid. op. cit., 1976.

132   Hoy, la academia conceptualiza esta herramienta como "un problema de maximización de beneficios bajo la presencia de restricciones que representan el máximo estrés soportable por los subsistemas turísticos de un destino (por ejemplo, el transporte, el alojamiento, las instalaciones de restauración, las empresas culturales y otras instalaciones), que no debe ser violado por el conjunto del

sistema". Bertocchi, Dario, et. al. "Venice and Overtourism: Simulating Sustainable Development Scenarios through a Tourism Carrying Capacity Model", *Revista Sustainability*, MDPI, 9 de enero de 2020.

133   Dickinson, Greg. "El año en que el turismo rompió el mundo y por qué lo peor está por venir", *The Telegraph*, 8 de noviembre de 2018: https://www.telegraph.co.uk/travel/comment/overtourism-2018-the-year-tourism-broke-the-world/.

134   UNWTO, "Overtourism? Understanding and managing urban tourism growth beyond perceptions", Madrid, 2018.

135   En español, la alternativa más adecuada es emplear la voz *sobreturismo*, con cierto uso y bien formada a partir del elemento compositivo *sobre-*, que indica *intensificación* o *exceso*, y el sustantivo *turismo*. De acuerdo con las normas generales de los prefijos, lo adecuado es escribir este término en una sola palabra, sin espacio ni guion: https://www.fundeu.es/recomendacion/sobreturismo-mejor-que-overtourism/

136   Taylor, Ian. "Debate: ¿Qué importancia tiene el tema del sobreturismo?", *Travel Weekly*, 10 de agosto de 2018:   http://www.travelweekly.co.uk/articles/309514/debate-how-big-an-issue-is-over-tourism.

137   El secretario general de CEHAT (Confederación Española de Hoteles y Alojamientos Turísticos) preguntado si, en su opinión, cabían más turistas en España, respondió muy prudentemente: "Sí caben, pero probablemente no todos en el mismo sitio ni al mismo tiempo", "CEHAT responde a la pregunta: ¿Caben más turistas en España?", Hosteltur, 18 de julio de 2018: https://www.hosteltur.com/107942_caben-mas-turistas-en-espana.html.

138   Misrahi, Tiffany. World Economic Forum: "Wish You Weren't Here: What Can We Do About Over-Tourism? 2017": https://www.weforum.org/agenda/2017/09/what-can-we-do-about-overtourism.

139   Smith, Oliver. "Los 51 destinos donde los turistas superan a los locales", 27 de septiembre de 2017: https://www.telegraph.co.uk/travel/maps-and-graphics/countries-where-tourists-outnumber-locals/.

140   "La turismofobia crece en destinos con mayor presión de viviendas turísticas según un análisis de Exceltur". Hosteltur, 12 de enero de 2018: https://www.hosteltur.com/126023_turismofobia-crece-destinos-mayor-presion-viviendas-turisticas.html.

141   Llaneras, Kiko. "Estos son los puntos con más turistas de España. En verano, algunos pueblos tienen más turistas durmiendo en hoteles que residentes en sus casas", *El País,* 14 de agosto de 2018.

142   Coldwell, Will. "Ojalá no estuvieras aquí: cómo el *boom* turístico y las autofotos amenazan los bellos rincones de Gran Bretaña", *The Guardian,* 16 de agosto de 2018.

143   https://edition.cnn.com/travel/article/overtourism-frozen-hallstatt-austria/index.html.

144   Escribía el periodista Antonio Burgos en ABC, a propósito de Sevilla que "aquí no cabe una heladería más, aquí no cabe un gastrobar más; no cabe un restaurante de platos cuadrados más". "Verdades y mentiras del overtourism en Sevilla. Sevilla es ya la tercera ciudad turística de España. ¿Hasta qué punto se padece en ella el overtourism", *Condé Nast Traveler,* 13 de febrero de 2020: https://www.traveler.es/viajes-urbanos/articulos/turismo-masivo-en-sevilla-overtourism-opinion-de-ciudadanos/17331.

145   Dickinson, Greg. "El año en que el turismo rompió el mundo y por qué lo peor está por venir", *The Telegraph,* 8 de noviembre de 2018: https://www.telegraph.co.uk/travel/comment/overtourism-2018-the-year-tourism-broke-the-world/.

146   Boffey, Daniel. "We've been here since 1747: Dutch windmill villagers take on tourist hordes", *The Guardian,* 13 noviembre de 2018: https://www.theguardian.com/world/2018/nov/13/60-residents-of-dutch-windmill-village-kinderdijk-say-plans-for-850000-tourists-too-much.

147   "Kinderdijk Millers protest about over-tourism: 600,000 visitors a year", *DutchNews.nl,* 9 de noviembre de 2018: https://www.dutchnews.nl/news/2018/11/kinderdijk-millers-protest-about-over-tourism-600000-visitors-a-year/.

148   https://www.livrarialello.pt/en-us/.

149   Deckstein, Dinah et al. "How Tourists Are Destroying the Places They Love", *Spiegel Online International,* 21 de agosto de 2018.

150   Riaño, Peio H. "Peligro: este museo está abarrotado", *El País,* Madrid, 11 de enero de 2019: https://elpais.com/cultura/2019/01/08/actualidad/1546973821_790482.html.

151   https://www.coolantarctica.com/Antarctica%20fact%20file/science/threats_tourism.php.

152   En 2020, Lindblad Expeditions presentará el *National Geographic Endurance* de 126 pasajeros con habitaciones exteriores climatizadas encerradas en estructuras de iglú transparentes. Para 2021, Ponant está desarrollando su primer barco de exploración polar y Silversea Cruises está agregando un servicio de *jet* de clase empresarial llamado Puente Antártico que, por 15,750 dólares por persona, ahorra a los pasajeros el viaje de dos días a través del Pasaje Drake: https://www.businessinsider.com/how-to-visit-antarctica-travel-tourism-increase-luxury-2019-12?IR=T.

153   La Serenísima República de Venecia existió como Estado independiente desde el siglo IX hasta 1797.

154   Altares, Guillermo. "Venecia como advertencia. La ciudad de los canales se ha convertido en un espejo que muestra a la humanidad su futuro", *El País,* 13 de junio de 2019: https://elpais.com/elpais/2019/06/12/opinion/1560353832_188539.html.

155   Buckley, Julia. "Is Venice at war with itself?", *CNN Travel,* 4 de febrero de 2020: https://edition.cnn.com/travel/article/venice-overtourism-situation-flooding/index.html.

156   Clampet, Jason. "Travel Megatrends 2017: Overtourism Goes Mainstream", Skift, 17 de enero de 2017: https://skift.com/2017/01/17/travel-megatrends-2017-overtourism-goes-mainstream/.

157   Dickinson, Greg. "Estimados diccionarios, esta es la razón por la que 'overtourism' debería ser su palabra del año 2018", *The Telegraph,* 20 de abril de 2018: https://www.telegraph.co.uk/travel/comment/overtourism-word-of-the-year/.

158   "Hace 30 años, el académico Van der Borg, estudiando la capacidad de carga de Venecia mantenía que podría asumir unos 25.000 visitantes/día (15.000 turistas y 10.000 excursionistas), es decir, unos diez millones de visitantes anuales, aunque la composición entonces de la relación de visitantes/excursionistas era de 20 % turistas frente a 80 % de excursionistas, muy lejos de una óptima proporción en esta variable". Van der Borg, J. "Sustainable Tourism in Venice: What Lessons for Other Fragile Cities on Water. In Fragile and Resilient Cities on Water"; Caroli, S., Soriani, S. (Editores.); Cambridge Scholars Publishing: Newcastle upon Tyne, UK, 2017; pp. 15–32.

159   https://www.researchgate.net/publication/338503899_Venice_and_Overtourism_Simulating_Sustainable_Development_Scenarios_through_a_Tourism_Carrying_Capacity_Model.

160   https://www.veneziaunica.it/en/content/detourism-venezia.

161   Buj, Anna. "Venecia añora el turismo de masas", *La Vanguardia*, 11 febrero de 2020: https://www.lavanguardia.com/ocio/viajes/20200211/473437176447/.venecia-italia-turismo-carnavales-inundacion.html.

162   Buckley, Julia. "Is Venice at war with itself?", *CNN Travel*, 4 de febrero de 2020: https://edition.cnn.com/travel/article/venice-overtourism-situation-flooding/index.html.

163   Abend, Lisa. "Europa hizo miles de millones de turistas. Ahora los está alejando", *Mundo Europa Time*, 26 de julio de 2018: http://time.com/magazine/south-pacific/5349687/july-26th-2018-vol-192-no-5-international/.

164   Verdú, Daniel. "Venecia se ahoga también sin turistas", *El País*, 17 de mayo de 2020: https://elpais.com/cultura/2020-05-16/venecia-se-ahoga-tambien-sin-turistas.html?ssm=TW_CM.

165   Altares, Guillermo. "Venecias", *El País*, Babelia, 6 de diciembre de 2010: https://blogs.elpais.com/papeles-perdidos/2010/12/venecias.html.

166   Sublime Team. "Expulsado: la historia del overtourism", *Eco Travel*, 3 de julio de 2018: https://sublimemagazine.com/crowded-out-the-story-of-overtourism.

167   Kiani-Kress, Rüdiger y Delamaide, Darrell. "Turistas, iros", Handelsblatt global, 5 de noviembre de 2017: https://global.handelsblatt.com/companies/tourists-go-away-847236.

168   Borja, Jordi 2017, Vid. op.cit.

169   Informe de la Comisión Europea, "The Impact of Taxes on the Competitiveness of European Tourism", 2017: https://www.europarl.europa.eu/cmsdata/130660/The%20Impact%20of%20Taxes%20on%20the%20Competitiveness%20of%20European%20tourism.pdf.

Parte VI

170   Mazzucato, Mariana. Vid. op.cit, 2019.

171   https://www.europarl.europa.eu/doceo/document/TA-8-2017-0271_ES.html.

172   https://ehha.eu/2019/11/29/ehha-response-to-the-draft-opinion-a-european-framework-for-regulatory-

responses-to-the-collaborative-economy-by-the-cor/.

173   Mazzucato, Mariana. Vid. op. cit, 2019.

174   Ramoneda, Josep. "Turismofobia", *El País,* 21 de julio de 2017: https://cat.elpais.com/cat/2017/07/21/opinion/1500633334_084639.html.

175   Dodgshun, Joe. "Los lugares de belleza de Europa planean escapar de la trampa de muchos turistas", *The Guardian,* "Viajar", 16 de mayo de 2018: https://www.theguardian.com/world/2018/mar/07/europes-beauty-spots-plot-escape-from-the-too-many-tourists-trap.

176   http://habitatge.gencat.cat/ca/inici.

177   Barron, Kyle, et. al. "Research: When Airbnb Listings in a City Increase, So Do Rent Prices", *Harvard Business Review,* 17 abril 2019: https://hbr.org/2019/04/research-when-airbnb-listings-in-a-city-increase-so-do-rent-prices.

178   Artículo 47 de la Constitución española: "Todos los españoles tienen derecho a disfrutar de una vivienda digna y adecuada. Los poderes públicos promoverán las condiciones necesarias y establecerán las normas pertinentes para hacer efectivo este derecho, regulando la utilización del suelo de acuerdo con el interés general para impedir la especulación. La comunidad participará en las plusvalías que genere la acción urbanística de los entes públicos".

179   https://www.exceltur.org/wp-content/uploads/2015/06/Alojamiento-tur%C3%ADstico-en-viviendas-de-alquiler-Impactos-y-retos-asociados.-Resumen-Ejecutivo.-Exceltur.pdf.

180   Muldoon, James. "Airbnb has been Rocked by covid-19. Do we really want to see it Recover?", Brave New Europe, 5 de abril de 2020: https://braveneweurope.com/james-muldoon-airbnb-has-been-rocked-by-covid-19-do-we-really-want-to-see-it-recover.

181   https://www.metros2.com/wp-content/uploads/2018/07/Colliers-Internarional_Airbnb_Espana2018_120718.pdf.

182   Hornos, Albert. *El Crític,* 9 de julio de 2018: http://www.elcritic.cat/reportatges/cinc-lluites-contra-el-turisme-extractiu-al-sud-deuropa-24168.

183   Manjoo, Farhad. "'Overtourism' Worries Europe. How Much Did Technology Help Get Us There?", *The New York Times,* 29 de agosto de 2018: https://www.

nytimes.com/2018/08/29/technology/
technology-overtourism-europe.html.

184   Bivens, Josh. "The economic
costs and benefits of Airbnb. No rea-
son for local policymakers to let Airbnb
bypass tax or regulatory obligations", Re-
port, January 30, 2019: https://www.epi.
org/files/pdf/157766.pdf.

185   "El documento *Una Agenda Europea para la economía colaborativa*, es un
primer paso hacia una estrategia más amplia y ambiciosa de la Unión en este ámbito. Reconoce que la economía colaborativa incrementa la eficiencia del sistema
económico y lo hace más sostenible en los
planos social y ambiental; subraya que la
economía colaborativa no debe utilizarse
nunca como medio para eludir las obligaciones tributarias y destaca, asimismo, la
necesidad urgente de colaboración entre
las autoridades competentes y las plataformas colaborativas en el cumplimiento
de las obligaciones fiscales y la recaudación de impuestos; comparte la opinión
de que deben imponerse obligaciones
tributarias funcionalmente similares a las
empresas que prestan servicios comparables, tanto en la economía tradicional
como en la economía colaborativa, y considera que los impuestos deben pagarse
donde se generan los beneficios y en los
casos en que no se trate simplemente de
contribuciones a los costes, al tiempo que
se respeta el principio de subsidiariedad y
de conformidad con las legislaciones fiscales nacionales y locales.": https://www.
europarl.europa.eu/doceo/document/
TA-8-2017-0271_ES.html.

186   Brossat, Ian. Vid. op. cit, 2019.

187   https://ehha.eu/2019/11/29/
ehha-response-to-the-draft-opinion-a-
european-framework-for-regulatory-
responses-to-the-collaborative-economy-
by-the-cor/.

188   https://www.exceltur.org/
wp-content/uploads/2015/06/Aloja-
miento-tur%C3%ADstico-en-vivien-
das-de-alquiler-Impactos-y-retos-
asociados.-Resumen-Ejecutivo.-Exceltur.
pdf.

189   Entre otras respuestas públicas,
en Barcelona se aprobó en 2017 un instrumento urbanístico específico para afrontar este fenómeno denominado "Plan
Especial urbanístico sobre alojamientos
turísticos".

190   Discurso del Comisario Breton
sobre "Un plan Marshall para el turismo
europeo", Parlamento Europeo, 21 abril
2020:   https://ec.europa.eu/commission/
commissioners/2019-2024/breton/an-
nouncements/speech-commissioner-bre-
ton-marshall-plan-european-tourism_en.

191	Como la que, por ejemplo, representa: https://fairbnb.coop/.

Parte VII

192	Según Charles Oceland, director del *think tank* World Resources Institute (WRI), en " Un futuro de crisis simultáneas", Thomson Reuters Foundation, *El País,* 5 de abril de 2020.

193	Martínez, Javier. "El reto de construir una nueva *normalidad:* el cambio climático en tiempos de pandemia", *Infolibre,* 12 de abril de 2020: https://www.infolibre.es/noticias/politica/2020/04/29/el_reto_construir_una_nueva_normalidad_cambio_climatico_tiempos_pandemia_105607_1012.html.

194	Felipe, Beatriz. "Cada vez hay más personas que migran por factores ambientales", *El Diario,* 3 de agosto de 2019: https://www.eldiario.es/aragon/sociedad/vez-personas-migran-factores-ambientales_0_927407453.html.

195	La ola de calor que azotó Francia en el mes de agosto de 2013 se saldó con 15.000 muertos.

196	https://crowtherlab.pageflow.io/cities-of-the-future-visualizing-climate-change-to-inspire-action#213121.

197	Blanco Herranz, Javier. "Libro Blanco de los destinos turísticos inteligentes. Estrategias y soluciones para fomentar la innovación en el turismo digital", LID Editorial, Altran, Madrid, junio 2015, edición electrónica.

198	"Global tourism carbon footprint quantified in world first", University of Sidney, 8 May 2018: https://www.sydney.edu.au/news-opinion/news/2018/05/08/global-tourism-carbon-footprint-quantified-in-world-first.html.

199	Nowicka, Pamela. "Vacaciones en el paraíso. Turismo y desarrollo", Intermón Oxfam, 2008.

200	https://www.e-unwto.org/doi/pdf/10.18111/9789284412341.

201	"Transport-related CO_2 emissions of the Tourism Sector –Modelling Results World Tourism Organization and International Transport Forum (2019)", UNWTO, Madrid, DOI: https://doi.org/10.18111/9789284416660.

202	En el precedente informe OMT-2008, ya se decía que los cruceros de larga distancia y muy lujosos podían generar hasta 18 veces las emisiones causadas por un viaje turístico internacional promedio. Los cruceros utilizan energía para diversos propósitos, incluyendo transporte, alojamiento, entretenimiento y más, lo que hace que sea difícil diferenciar entre ellas y aislar las emisiones de transporte.

203   Informe sobre "Emisiones atmosféricas de los cruceros en Europa", editado por la entidad sin ánimo de lucro "Transport & Environment", en junio de 2019. Faig Abbasov, director de políticas de transporte de la entidad sin ánimo de lucro Transport & Environment, ha declarado que "los cruceros son ciudades flotantes con un alto consumo de energía generada por los combustibles más tóxicos que existen", y mantiene que, "hay tecnologías lo suficientemente maduras para descarbonizar el transporte marítimo": https://www.transportenvironment.org/sites/te/files/publications/One%20Corporation%20to%20Pollute%20Them%20All_Spanish.pdf.

204   http://forestpolicypub.com/wp-content/uploads/2018/07/TourismCarbonFootprint_maintext.pdf.

205   Incluyéndose las emisiones de otros GEI relacionadas con la actividad turística, como los que se generan con el mantenimiento de las infraestructuras de hoteles y aeropuertos, así como las emisiones vinculadas a la compra de alimentos, bebidas y recuerdos para los turistas.

206   Kitamura, Yusuke. "Carbon Footprint Evaluation Based on Tourist Consumption toward Sustainable Tourism in Japan", *Sustainability 2020*, 12 (6), 2019: https://www.mdpi.com/2071-1050/12/6/2219/htm https://doi.org/10.3390/su12062219.

207   Muñoz, Ramón. "El dilema de las aerolíneas: atrapadas entre el *low cost* y el *efecto Greta*", *El País,* 9 de febrero de 2020: https://elpais.com/economia/2020/02/07/actualidad/1581090196_373920.html.

208   "It is forecast that CORSIA will mitigate around 2.5 billion tonnes of CO_2 between 2021 and 2035, which is an annual average of 165 million tonnes of CO_2. This is equivalent to the annual CO_2 emissions from the Netherlands, all sectors included": https://www.iata.org/contentassets/fb745460050c48089597a3e-f1b9fe7a8/corsia-fact-sheet.pdf.

209   Topham, G. y F. Harvey. "Airlines lobby to rewrite carbon deal in light of coronavirus", *The Guardian,* 2020, April 8: https://www.theguardian.com/business/2020/apr/08/airlines-lobby-to-rewrite-carbon-deal-due-to-coronavirus [Google Scholar].

210   El presidente del Comité de Cambio Climático británico le decía al Secretario de Estado, Grant Shapps, que la industria es "altamente improbable" que pueda eliminar las emisiones para 2050 por medios técnicos. Harrabin, Ro-

ger. "Introduce frequent flyer levy to fight emissions, government told", *BBC,* 24 de septiembre de 2019: https://www.bbc.com/news/business-49808258.

211   "Without massively changed behaviour the world stands to destroy itself," SA Tourism Minister tells WTM", *Travindy,* 7 de noviembre de 2018: https://www.travindy.com/2018/11/without-massively-changed-behaviour-the-world-stands-to-destroy-itself-sa-tourism-minister-tells-wtm-and-other-news/.

212   Según datos de la Agencia Europea del Medio Ambiente (2019) en el periodo 1990/2017 y fijándonos en la evolución de las emisiones de gases de efecto invernadero por sectores vemos que la aviación internacional se incrementó en un 128,9 %; la navegación internacional en un 31,7 %, y el transporte nacional, un 19,2 %. Contrariamente, la agricultura descendió un 19,2 %; la energía un 22,6 %; la industria, un 27 %, y la gestión de recursos, un 42,2 %.

213   Eco, Raquel. "¿Volar menos o no volar?". El Pais, 4 de agosto de 2019. https://elpais.com/elpais/2019/08/02/ideas/1564741752_427630.amp.html?id_externo_rsoc=TW_CC&__twitter_impression=true

214   Se puede leer en la proposición a la Asamblea Francesa que: "No es solo una cuestión de comportamiento individual: la voluntad política debe seguir. La libertad de viajar no es la libertad de contaminar. Debe haber una disminución global en los vuelos, los vuelos deben ser útiles, la distribución de los vuelos debe ser justa": http://www.assemblee-nationale.fr/dyn/15/textes/l15b2005_proposition-loi.

215   Briginshaw, David. "Air France ordered to curb competition with rail in France", IRJ, 1 de mayo de 2020: El Gobierno de Francia quiere que Air France sea más rentable, más competitiva y la aerolínea más ecológica. Air France tendrá que reducir sus emisiones de CO_2 por pasajero-km en un 50 % entre 2005 y 2030 y reducir las emisiones de CO_2 en sus vuelos de corta distancia en un 50 % para finales de 2024. Air France también tendrá que alcanzar el objetivo de usar 2 % de su combustible de fuentes sostenibles para 2025: https://www.railjournal.com/passenger/high-speed/air-france-ordered-to-curb-competiton-with-rail-in-france/.

216   Llanos Martínez, Héctor. "Una hora en avión, dos en tren: la iniciativa ecológica para prohibir los vuelos cortos. Comparamos el impacto ambiental en trayectos españoles de duración similar", *El País,* "Verne", 20 de junio de 2019: https://verne.elpais.com/verne/2019/06/18/articulo/1560871541_569093.amp.html?id_externo_rsoc=TW_CC&__twitter_impression=true.

217   En realidad, la propuesta se inscribía en una pretensión más amplia defendida por determinados agentes y entidades de eliminar todos los vuelos en trayectos cortos, Muñoz, Ramón. Vid.op. cit., 2020.

218   https://eur-lex.europa.eu/LexUriServ/LexUriServ.do?uri=OJ:L:2008:293:0003:0020:ES:PDF.

219   Seco, Raquel. Vid. op. cit., 2019.

220   Dickinson, Greg. Vid. op. cit., 2018.

221   Harrabin, Roger. Vid. op. cit, 2019.

222   https://www.europarl.europa.eu/cmsdata/130660/The%20Impact%20of%20Taxes%20on%20the%20Competitiveness%20of%20European%20tourism.pdf.

223   El ejecutivo de IATA afirmaba que "en 2019 las compañías aéreas en Europa hemos pagado alrededor de 5.000 millones de euros en distintos tipos de impuestos etiquetados como medioambientales, y no han resultado eficientes para el propósito que persigue", Muñoz, Ramón, vid. op. cit., 2020.

224   Stiglitz, Joseph E. "Capitalismo progresista: la respuesta a la era del malestar", Taurus, 2020.

225   En opinión de la "Aviation Environment Federation", la principal ONG del Reino Unido que hace campaña exclusivamente sobre los impactos ambientales de la aviación y promueve un futuro sostenible para el sector, "La aviación como industria ha recibido durante mucho tiempo un tratamiento especial, que incluye exenciones y exclusiones de una serie de políticas y regulaciones ambientales a lo largo de las décadas. Creemos que es hora de pensar de manera diferente sobre esto": https://www.aef.org.uk/2020/03/25/covid-19-and-aviation-how-should-policymakers-react-and-plan-for-the-future/.

226   Smith, Jeremy. "El destino con soluciones al turismo, al cambio climático y al bienestar", WTM, 23 de octubre de 2018: https://news.wtm.com/the-destination-with-solutions-to-overtourism-climate-change-and-wellbeing/.

227   Además, incluye ideas de biomimética en las que han colaborado científicos como Janine Benyus, que estudian los sistemas de la naturaleza para crear tecnologías y estructuras sostenibles. Rodríguez, Laura. "El plan de Ámsterdam para relanzar su economía ante el coronavirus apuesta por romper con el actual modelo

de consumo", *El Diario.es,* 15 de abril 2020: https://www.eldiario.es/ballenablanca/economia/Amsterdam-relanzar-economia-coronavirus-apuesta_0_1016999340.html.

228   Costas, Antón. "Impulso moral para un 'Green New Deal'", *El País,* "Negocios", 9 de febrero de 2020: https://elpais.com/economia/2020/02/06/actualidad/1581002954_214040.html.

Parte VIII

229   https://data.worldbank.org/indicator/sl.tlf.totl.in.

230   https://wttc.org/News-Article/WTTC-now-estimates-over-100-million-jobs-losses-in-the-Travel-&-Tourism-sector-and-alerts-G20-countries-to-the-scale-of-the-crisis.

231   "Casi ocho millones de los trabajaban en la industria de alimentos y bebidas; 2,7 millones en el sector del alojamiento y dos millones en transporte. Las agencias de viajes y los operadores turísticos representaban casi medio millón de personas empleadas y otros alquileres de automóviles y otros alquileres aproximadamente 0,2 millones. Estos datos también acreditan la hetereogeneidad de la industria turística": https://ec.europa.eu/eurostat/statistics-explained/index.php?title=Tourism_industries_-_employment.

232   http://estadisticas.tourspain.es/WebPartInformes/paginas/rsvisor.aspx?ruta=%2fEPA%2fEstructura%2fAnual%2fOcupados+seg%u00fan+edad+por+actividades+de+la+industria+tur%u00edstica.+-+Ref.2356&par=1&idioma=es-ES&-anio=2019.

233   "Panorama del turismo internacional 2019", OMT, Secretario General, Madrid, 2020: https://www.e-unwto.org/doi/pdf/10.18111/9789284421237.

234   "Benidorm se consolida como cuarto destino turístico de España", *El Mundo,* 13 febrero 2020: https://www.elmundo.es/comunidad-valenciana/alicante/2020/02/13/5e44354ffdddffd4088b45fa.html.

235   Stacey, J. "Supporting Quality Jobs in Tourism", OECD Tourism Papers, 2015/02, OECD Publishing: http://dx.doi.org/10.1787/5js4rv0g7szr-en.

236   "ILO guidelines on decent work and socially responsible tourism", International Labour Office, Sectoral Policies Department, Geneva: ILO, 2017: https://www.ilo.org/wcmsp5/groups/public/---ed_dialogue/---sector/documents/normativeinstrument/wcms_546337.pdf.

237   Stacey, J. Vid. op. cit., 2015.

238   CC. OO. Servicios. "Análisis económico de la actividad del turismo en España", julio 2018: https://www.ccoo-servicios.es/archivos/informeturismo.pdf.

239   Moreno Alarcón, Daniela y Cañada, Ernest. "Dimensiones de género en el trabajo turístico. informes en contraste", 04 turismo responsable, Alba Sud Editorial, 2018.

240   "Las mujeres a menudo están sobrerrepresentadas en las capacidades más bajas y las áreas de menor remuneración, en particular las áreas de limpieza y contacto con los clientes, con mujeres poco calificadas y no calificadas que a menudo tienen los puestos de trabajo más vulnerables. Las mujeres también sufren segregación en términos de acceso a la educación y la formación y, en promedio, se les paga menos que los trabajadores masculinos por capacidades comparables": International Labour Office, vid. op. cit, 2017.

241   CC. OO. Servicios. Vid. op. cit., 2018.

242   https://www.eldiario.es/canariasahora/tenerifeahora/tribunales/Tribunal-Supremo-discriminacion-camareras-Tenerife_0_833966763.html.

243   "El presidente de AC Hoteles carga contra la *explotación* en el sector", *El País,* 25 de noviembre de 2016: https://elpais.com/economia/2016/11/24/actualidad/1479975576_031277.html.

244   Resolución del Parlamento Europeo, de 15 de junio de 2017, sobre una Agenda Europea para la economía colaborativa (2017/2003, INI): https://www.europarl.europa.eu/doceo/document/TA-8-2017-0271_ES.html.

245   Rey-Lefevre, Isabelle. "Les petites mains sous-payées d'Airbnb", *Le Monde,* 4 de agosto de 2017, (Tomado de Brossat, I. Vid. op. cit., 2019).

246   Mars, Amanda. "El turismo es un asunto de democracia", Elizabeth Becker/Periodista y escritora, *El País,* Washington, 7 agosto de 2015: https://elpais.com/internacional/2015/08/06/actualidad/1438858767_393725.html.

247   "El 54 % de los encuestados dice que trabaja más de 11 horas al día, el 22 % más de diez horas todos los días; el 93 % de los encuestados trabaja 7 días a la semana y nunca ha tenido un día libre ininterrumpido de 24 días; el 74 % dice que su salud o seguridad se ve amenazada debido al trabajo en el barco; más del 80 % dice que ha tenido un accidente de trabajo que involucra inflamación de articulaciones o tendones o inflamación muscular": http://

www.albasud.org/blog/es/1163/exceso-de-trabajo-en-cruceros.

248   "How Tourists Are Destroying the Places They Love", *Spiegel Online International,* 21 agosto de 2018: https://www.spiegel.de/international/paradise-lost-tourists-are-destroying-the-places-they-love-a-1223502.html.

249   Pack, Sasha D. Vid. op. cit., 2009.

250   Gaviria, Mario. Vid. op. cit., 2017.

251   Sudjic, Deyan. Vid. op. cit., 2017.

252   https://www.culinaryunion226.org/en-espanol/union/historia.

253   https://fairhotels.es/assets/pdf/resumen-ejecutivo.pdf.

254   https://fairhotels.es/assets/pdf/Protocolo-SETUR-CCOO-UGT-UMA2019.pdf.

255   http://www.caib.es/pidip2front/jsp/es/ficha-convocatoria/el-gobierno-se-felicita-por-el-acuerdo-firmado-con-la-patronal-hotelera-de-mallorca-y-los-sindicatos-para-la-mejora-de-la-calidad-de-la-ocupacioacuten-en-la-hosteleriacutea.

256   Kaeser, Joe. "The world is changing. Here's how companies must adapt". Este artículo es parte del WEF Annual Meeting, 25 enero 2018: https://www.weforum.org/agenda/2018/01/the-world-is-changing-here-s-how-companies-must-adapt/.

257   "Observatorio de la OIT: El covid-19 y el mundo del trabajo", segunda edición. Estimaciones actualizadas y análisis, 7 de abril de 2020: https://www.ilo.org/wcmsp5/groups/public/---dgreports/--dcomm/documents/briefing-note/wcms_740981.pdf.

258   https://ec.europa.eu/info/sites/info/files/european-green-deal-communication_en.pdf.

Parte IX

259   Harari, Yuval Noah. Vid. op.cit., 2018.

260   De Querol, Ricardo. En portada, entrevista a Zygmunt Bauman: "Las redes sociales son una trampa", Crítica: El fantasma de la indignación, 9 enero 2016.

261   Entrevista a Joan Subirats, Contexto, 6 de abril de 2016: https://ctxt.es/es/20160406/Politica/5241/.

262   Mazzucato, M. Vid. op. cit., 2019.

263   Guilluy, Christophe. Vid. op. cit., 2019.

264 Colau, Ada. "Mass tourism can kill a city –just ask Barcelona's residents", *The Guardian*, 2 de septiembre de 2014: https://www.theguardian.com/commentisfree/2014/sep/02/mass-tourism-kill-city-barcelona.

265 Corral, Alejandro. "La Liberalización del sector turístico: ¿Hacia un modelo de turismo sostenible?", Reus Editorial, Madrid, 2017.

266 Borja, J. Vid. op. cit., 2017.

267 https://www.hosteltur.com/134009_el-nuevo-gobierno-y-los-empresarios-turisticos-inician-un-noviazgo-fragil.html.

268 Corral, Alejandro. Vid. op. cit., 2017.

269 Morozov, Evgeny. "The tech 'solutions' for coronavirus take the surveillance state to the next level", *The Guardian*, 15 de abril 2020: https://www.theguardian.com/commentisfree/2020/apr/15/tech-coronavirus-surveillance-state-digital-disrupt.

270 Morozov, E. Vid. op. cit., 2020.

271 Morozov, E. Vid. op. cit., 2020.

272 https://elpais.com/elpais/2020/04/22/la_voz_de_ inaki/1587534330_206891.html?ssm=TW_CC.

273 "Four year strategic plan. Executive Summary", Tourism New Zealand: https://static1.squarespace.com/static/5b1dd83a372b9624b25936a3/t/5c1a0f98f950b722cdd161e5/1545211810498/New+Zealand+Tourism+Strategy+2017-2021.pdf.

274 https://scottishtourismalliance.co.uk/wp-content/uploads/2020/03/Scotland-Outlook-2030.pdf.

275 Rachidi, Imane. "El mítico letrero 'I Amsterdam' amenaza con decir adiós a los turistas", *EFE TUR*, 25 de octubre de 2018.

276 http://localhood.wonderfulcopenhagen.dk/wonderful-copenhagen-strategy-2020.pdf.

277 https://ajuntament.barcelona.cat/turisme/sites/default/files/documents/es_170710_resumenejecutivo.pdf.

278 Pack, Sasha D. Vid. op. cit., 2009.

279 https://www.hosteltur.com/108614_reyes-maroto-el-gobierno-apuesta-por-la-calidad-no-por-la-cantidad.html.

280   https://elpais.com/economia/2020/01/20/actualidad/1579523758_027168.html.

281   Catá Figuls, J. "¿Qué queda de la turismofobia?", *El País,* Barcelona, 11 febrero 2018: https://elpais.com/ccaa/2018/02/10/catalunya/1518288141_127567.html.

282   Kirchhoff, Andreas. "Overtourism: ¿A dónde nos llevará?", DW, 7 de marzo de 2018: https://www.dw.com/en/overtourism-where-will-it-take-us/a-42863355.

283   Fernández, Rafael. "La mayoría, contra la masificación turística", *La Razón,* Madrid, 13 de julio de 2018.

284   Pack, Sasha D. Vid. op. cit., 2009.

285   Donaire, José Antonio, Twitter, @DonAire, 11 septiembre 2019.

286   https://www.ugto.mx/images/eventos/06-07-16/codigo-etico-mundial-turismo.pdf.

287   VV. AA. Ensayo y error Benidorm, Editorial Barrett, 2019.

288   Yanes, S. Vid. op. cit., 2017.

289   Mars, Amanda. Vid. op. cit., 2015.

290   WTM Team. "Responsible Tourism Covers Overtourism and Child Protection on Day One of WTM London". WTM Global Hub, 5 de noviembre de 2018: https://news.wtm.com/responsible-tourism-covers-overtourism-and-child-protection-on-day-one-of-wtm-london/.

291   Artículo 1.1. de la Ley 7/85, Reguladora de las Bases de Régimen Local, de 2 de abril de 1985. Los instrumentos aquí son las iniciativas ciudadanas, las audiencias públicas y las consultas populares.

292   Monge, Cristina y Oliván, Raúl. Hackear la política. Editorial Gedisa, 2019.

293   Becker, Elizabeth. Overbooked. The exploding business of travel and tourism, Simon&Schuster, New York, 2013.

294   Mars, A. Vid. op. cit., 2015.

295   Borja, J. Vid. op. cit., 2017.

296   Modelos de gestión turística local. Principios y prácticas, FEMP, Madrid, 2008.

297   Cambrils Camarena, Joan-Carles. La colaboración público-privada en los entes mixtos locales de gestión y promoción turísticas, FITUR, Editorial Síntesis, Madrid, 2016.

298   A través del área de Organización de Empresas dirigida por el Catedrático Alfonso Vargas. En dicho tiempo se alumbró una iniciativa pionera en la Universidad, articulándose en torno a un grupo mixto de trabajo Universidad/Patronato de Turismo (Grupo de la Luz), el estudio a través de seis diferentes disciplinas académicas de iniciativas para reforzar las estrategias del destino "HUELVA, La Luz".

299   Merino, Isidoro. "¿Quién inventó las vacaciones? El turismo de masas cambió para siempre el mundo", *El País,* 18 marzo 2019: https://elpais.com/elpais/2019/03/18/viajero_astuto/1552896596_618380.html.

300   Citada en Mazzucato, M. Vid. op. cit., 2019.

301   Innerarity, Daniel. "Ciudades culturalmente inteligentes", *El Correo/El Diario Vasco*, 2 de mayo de 2016: http://globernance.org/daniel-innerarity-ciudades-culturalmente-inteligentes/.

302   El valor de las cosas, Mariana Mazzucato, Taurus, Madrid, 2019.

Epílogo

303   https://data2.unhcr.org/en/documents/download/74670.

304   Martínez-Bascuñán, Máriam. "La impotencia de la democracia", *El País,* "Ideas", 29 de diciembre de 2019: https://elpais.com/elpais/2019/12/27/ideas/1577471767_306511.html.

305   Rosling, Hans. Vid. op. cit., 2018.

306   https://www.e-unwto.org/doi/pdf/10.18111/9789284421237.

307   http://www.segsocial.es/wps/portal/wss/internet/EstadisticasPresupuestosEstudios/Estadisticas/EST23/EST25.

308   Guilluy, Christophe.Vid. op. cit., 2019.

309   Universidad de Alcalá. Portal de Comunicación. "Productividad y horario laboral, a análisis", 8 de mayo de 2019: http://portalcomunicacion.uah.es/diario-digital/entrevista/en-el-dia-internacional-de-los-trabajadores-un-profesor-de-la-uah-habla-sobre-productividad-horario-laboral-y-otras-cuestiones-de-interes-2.html.

310   https://www.theguardian.com/world/2020/may/20/jacinda-ardern-flags-four-day-working-week-as-way-to-rebuild-new-zealand-after-covid-19.

311   Harari, Yuval Noah. Vid. op. cit., 2018.

312   Estefanía, Joaquín. "La verdadera austeridad", *El País,* "Ideas", 5 de abril de 2020: https://elpais.com/ideas/2020-04-03/la-verdadera-austeridad.html.

313   El momento en que se manifiesta el "tienes que ver esto" o "prueba esto" o "siente esto", es el que da origen a la relación turística que también es la base de un cierto tipo de solidaridad humana. Sin embargo, lo "turístico" siempre está siendo sustituido por nuevas cosas como causa, origen y potencial. Lo único que se necesita es cariño y preocupación hacia otra persona y hacia un objeto, que es honrado y compartido pero nunca poseído por completo", Mac Cannell, Dean. Vid. op. cit., 1976.

314   Badham, Van. "After Everest, we have to rethink the places we are loving to death", *The Guardian,* 18 de junio de 2019: https://www.theguardian.com/commentisfree/2019/jun/19/after-everest-we-have-to-rethink-the-places-we-are-loving-to-death.

315   Blanco Herranz, Francisco Javier. "Reflexiones sobre seguridad, poderes públicos y actividad turística", *Revista de Estudios turísticos,* n.º 160, 2004.

316   Berger, Peter L. y Luckmann, Thomas. La construcción social de la realidad, Vintage Books, 1966.

317   Ordóñez Chillarón, Esteban. "Los carteles turísticos que cuentan la verdad", *Yorokobu,* 17 de noviembre de 2016: https://www.yorokobu.es/carteles-turisticos-que-cuentan-la-verdad/.

318   Brooks, S. K., et.al. (2020). The psychological impact of quarantine and how to reduce it: Rapid review of the evidence. The Lancet, 395 (10227), 912–920: https://doi.org/10.1016/S0140-6736(20)30460-8 [Crossref], [PubMed], [Web of Science ®], [Google Scholar].

319   "Covid-19 and aviation: how should policymakers react, and plan for the future?", AEF, 25 de marzo de 2020: https://www.aef.org.uk/2020/03/25/covid-19-and-aviation-how-should-policymakers-react-and-plan-for-the-future/.

320   Murphy, Richard. "Coronavirus: The End of Airlines", Brave New Europe. 14 de marzo de 2020: https://braveneweurope.com/richard-murphy-coronavirus-the-end-of-airlines.

321   "Por 19 €, que era el coste promocional del billete en tren, el ahorro comparativo con las tarifas en avión a dichos lugares soñados iba a ser enorme, así como el ahorro en costes ambientales por la decisión de viajar en tren": https://www.youtube.com/watch?v=_35uEjs2W7I.

322   Muñoz-Rojas, Olivia. "Gobierno sobrio", *El País,* 4 de febrero de 2020: https://elpais.com/elpais/2020/01/27/opinion/1580125028_584652.html.

323   Seco, Raquel. Vid. op. cit., 2019.

324   "Anger Over Tourists Swarming Vacation Hot Spots Sparks Global Backlash", *Wall Street Journal,* 22 mayo 2018: https://www.reddit.com/r/newzealand/comments/8le4qp/anger_over_tourists_swarming_vacation_hot_spots/.

325   www.tiakinewzealand.com.

326   https://www.greensign.de/en/certification.

327   Epler Wood, Megan. "Overtourism. Les limites environnementales et sociales du tourisme", Harvard T. H. Chan.

328   https://ec.europa.eu/commission/commissioners/2019-2024/breton/announcements/speech-commissioner-breton-marshall-plan-european-tourism_en.

329   Sánchez-Silva, C. Vid. op. cit., 2020.

330   Yasuyuki Hirota, Miguel. "¿España sin turismo?", *El País,* 30 de marzo de 2020: https://elpais.com/elpais/2020/03/30/alterconsumismo/1585559032_223882.html.

331   Como consecuencia de la actual crisis sanitaria, España se ve especialmente afectada, ya que su PIB turístico (12 %) es notablemente superior al del resto de países con sectores turísticos consolidados (Portugal, 8 %; Francia, 8 %; Italia, 6 %; UK, 4 %). La recuperación resultará más difícil en las economías que tienen mayor dependencia del turismo para su crecimiento, así como en aquellas otras que impliquen consumo social.

332   https://www.unwto.org/international-tourism-and-covid-19.

333   Lichfield, Gideon. Vid. op. cit., 2020.

334   Capocchi, Alessandro, et. al. *Review Overtourism: A Literature Review to Assess Implications and Future Perspectives,* 15 June 2019.

Índice alfabético

Índice alfabético

A

abandonado *80, 152*
abandono *48, 109, 126*
abaratamiento *86*
academia *75, 110, 124, 261*
accesibilidad *8, 37, 66, 85, 123, 168*
acceso *29, 52, 56, 84, 97, 123, 129, 144, 147, 148, 150, 273*
aceleración *29, 165*
acera *61*
acogida *110, 260*
actividad creativa *84, 241, 255*
actividad turística *16, 17, 18, 42, 54, 55, 60, 72, 78, 88, 93, 98, 99, 108, 124, 139, 145, 196, 199, 202, 213, 216, 256, 258, 269, 278, 287*
activista *226*
actores *59, 86, 99, 130, 217, 247*
actuación *152, 195, 196, 200, 202*
actuar *14, 115, 167, 219*
Acuerdo de París *164*
adaptación *40, 42, 159, 199*

administración *140, 195, 197*
   administración pública *140, 195, 197*
aerolíneas *74, 85, 166, 168, 210, 240, 260, 269*
   aerolíneas de bajo coste *74, 85, 166, 168, 210, 240, 260, 269*
   Lufthansa *241*
aeronave *170*
aeropuerto *56, 84, 85, 119, 184*
   Heathrow *84, 119*
   Stanted *85*
   Tegel *56*
Afganistán *22, 23*
afluencia *43, 75, 135*
África *31, 83, 227*
africanos *61, 226*
agencias de viaje *231*
agenda *17, 32, 41, 77, 252, 262, 274*
agentes *46, 55, 58, 77, 78, 94, 97, 216, 238, 271*
agobio *36, 108*
agosto *26, 55, 255, 256, 258, 261, 262, 263, 266, 268, 270, 273-4*
agresión *128*
agua *38, 80, 99, 130*
aguas altas *9, 125, 130*
AirBnb *145, 147, 148, 149, 152*
aire *22, 45, 102, 104, 127-30, 229*
Air France *169, 240, 270*
Alasdair Rae *31*
alcalde *102, 103, 129*
aldea *103, 122, 123, 135, 224*
Alemania *39, 68, 85, 111, 235, 240, 241*
   GreenSign *244*
Alitalia *241*
alojamiento *8, 57, 73, 85, 86, 108, 127, 139, 144-6, 148-51, 161, 164, 183-4, 190, 229, 231, 261, 269, 272*
alquiler *85, 99, 144, 147, 148, 151, 152, 255, 266, 267*
GUILLERMO ALTARES *125, 130, 264, 265*

crisis económica *15, 54, 199, 232, 240*
crisis económico-financiera *15, 70, 71,
82, 189*
crisis sanitaria *31, 69, 136, 189, 214,
216, 234, 248, 279*
críticas *59, 94, 98, 123, 137, 150, 169,
171*
Croacia *186*
cualificación *182, 185, 187*
Ignasi Cubiñá *87*
cuentas *127, 140*
cuidado *5, 231, 257*
cultura *7, 29, 36, 37, 50, 66, 72, 110,
133, 182, 195, 234, 235, 253, 263,
265*
cultural *43, 47, 109, 138, 159, 210,
242*
cultura turística *110*

D

debate *17, 57, 58, 69, 76, 80, 110, 111,
115, 128, 133, 138, 152, 166, 169,
170, 180, 197, 210, 214, 256, 262*
deber de colaboración *148*
deberes *46*
decisión *136, 169, 173, 213, 278*
decisiones públicas *10, 194*
declive *32, 256*
decrecimiento *59, 69, 75, 87, 253, 258*
  decrecimiento sostenible *87*
  decrecimiento turístico *59*
definición *97, 113, 114, 117, 197*
degradación *47, 55, 109, 128, 131,
159, 209*
Deiá *56*
Manuel Delgado *62*
delincuencia *37*
demanda *9, 59, 67, 82, 84, 108, 111,
119, 136, 140, 146, 153, 156, 158,
159, 165, 166, 170-1, 199, 206, 207,*

210, 215, 240
demanda turística *82, 111, 119, 140*
democracia *209, 212, 259, 273, 277*
democratización *8, 66, 208, 210, 260*
densidad de población *31, 253*
denuncia *55, 61*
dependencia *16, 225, 247, 279*
depredación *146*
derecho *40, 41, 57, 59, 62, 148, 171,
208, 209, 256, 266*
derechos sociales *59*
derroche *157*
desarrollismo *87, 158*
desarrollo *8, 17, 32, 42, 55, 56, 57, 59,
62, 74, 76, 78, 84, 87, 92, 93, 98, 111,
120, 128, 132, 138, 144, 150, 151,
158, 165-7, 172, 180, 187, 189, 196,
197, 199, 202, 204, 213-5, 217-8, 268*
desarrollo económico *78*
desarrollo equilibrado *151, 158*
desarrollo turístico *32, 55, 59, 62, 76,
132, 196, 199, 213*
desbordamiento *84, 92*
desenfoque *60*
deseo *22, 102, 208, 233*
desequilibrio *22, 31, 108*
deshabitado *31*
desigualdad *57, 79, 80, 98, 256*
despoblación *50, 136*
destino turístico *24, 55, 99, 126, 235,
272*
desturistización *59*
determinación *103*
diagnóstico *108, 187*
diálogo *57, 188, 199, 219*
diccionario *113*
  Collins *113*
  Fundéu-BBVA *113*
  Oxford *109, 113*
dictadura franquista *56*
diferenciación *25*
digital *8, 84, 200, 219, 268, 275, 277*

V

vacaciones *25, 61, 62, 80, 81, 85, 166, 240, 254, 277*

vacío *125, 196*

Valencia *48, 118, 123*

valentía *219*

valor *17, 48, 74, 75, 79, 81, 88, 97, 98, 105, 137, 153, 162, 187, 189, 195, 202, 210, 212, 213, 216, 258, 277*

valor añadido *210, 212*

valor económico *17, 75, 97*

valores *18, 75, 103, 104, 105, 196, 231, 234*

valor público *17, 195, 213, 216*

vaporetto 125

variable *31, 81, 264*

Vaticano *86, 116, 118*

vecino *98, 147*

velocidad *31, 63, 66, 75, 169*

Venecia *9, 116, 118, 124-9, 130-1, 210, 264-5*

veneciano *129*

venta minorista *144*

verano *86, 117, 120, 122-4, 128, 157, 228, 263*

verde *9, 17, 155, 170, 173, 174, 190*

viajar *11, 27, 33, 84, 85, 110, 124, 169, 171, 228, 239, 242, 245, 248, 270, 278*

viaje *25, 29, 36, 81, 116, 125, 137, 149, 168, 169, 170, 205, 229, 231, 239, 243, 259, 264, 268*

viajero *25, 26, 86, 109, 126, 170, 184, 243, 254, 277*

viceconsejero de Turismo del Gobierno Vasco *94, 237, 287*

vida *8, 15, 17, 31, 36-7, 40-2, 47, 48, 50, 52-4, 56, 57, 60, 67, 69, 72, 78-80, 95, 98-9, 109, 113, 115, 121-3, 128, 132, 150, 158, 162, 189, 200-1, 203, 214, 228-9, 231-2, 237, 241-2, 245, 248, 252-3, 256, 260*

   vida cultural *47*

videoconferencias *167*

Vietnam *83, 227*

Viganella *8, 102, 103, 104, 234*

violencia *22, 237*

visión *29, 40, 58, 93, 102, 188, 200, 202, 216, 226*

visitantes *43, 45, 46, 47, 74, 75, 83, 84, 85, 110, 113, 117-9, 121-7, 129, 135, 136-9, 146, 157, 198, 203, 208, 210, 214, 216, 225, 235, 264*

visitas *26, 29, 52, 75, 83, 94, 120, 123, 133, 135, 137*

vitalidad *36, 52*

vivienda *41, 48, 51, 56, 57, 80, 101, 134, 146-9, 152, 198, 266*

   viviendas turísticas *48, 127, 133, 146, 262*

vivir *11, 24, 50, 113, 146-7, 149, 156, 187, 216, 245, 248, 255*

vocación *135*

volar *85, 163, 169, 171, 242, 270*

Jos Vranken *203*

vuelos *9, 14, 33, 85, 86, 165, 166, 168, 169, 171, 230, 239, 240, 241, 252, 270, 271*

vulnerabilidad *17, 71, 97, 228, 237*

W

Wall Street Journal 260, 279

Walt Disney World *43*

Alan White *109*

World Economic Fórum *87*

World Travel and Tourism Council *254*

World Travel Market *166, 258*

WTTC *178, 254, 272*

Y

Sobre el
autor

F. Javier Blanco Herranz

Asesor turístico, conferenciante y jurista. Acredita 28 años de experiencia en la actividad turística, principalmente como directivo en la gestión pública en los ámbitos local, autonómico, nacional e internacional.

Ha sido viceconsejero de Turismo del Gobierno Vasco, gerente del Patronato Provincial de Turismo de Huelva, director ejecutivo de los Miembros Afiliados de la Organización Mundial del Turismo, y miembro del Consejo Español de Turismo. Ha asesorado a destinos turísticos, importantes firmas consultoras y de tecnología, y colabora como docente con universidades.

Ha publicado numerosas monografías turísticas (estrategias de gestión de destinos o políticas públicas, entre otras cosas), así como el *Libro Blanco de los Destinos Turísticos Inteligentes*.

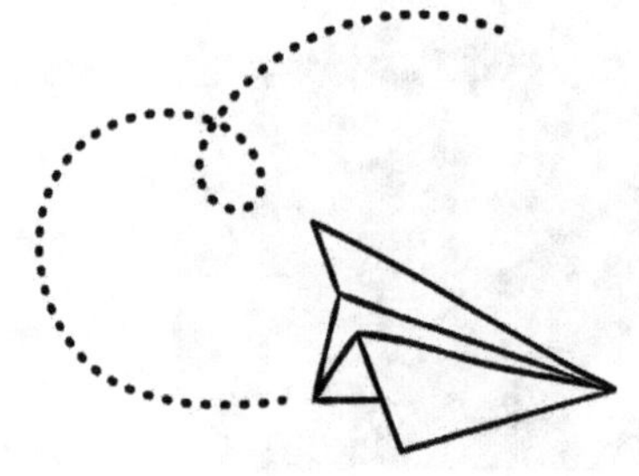

* 9 7 9 8 6 5 7 1 9 9 9 9 4 *